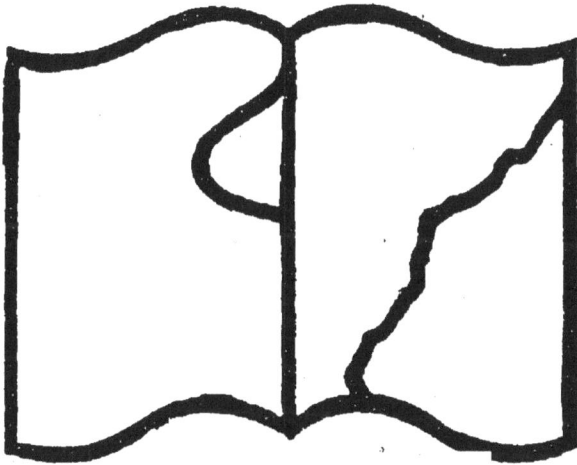

Texte détérioré — reliure défectueuse

NF Z 43-120-11

VI CONGRÈS

DE LA

Fédération nationale des Bourses du Travail

TENU A TOULOUSE

Les 15, 16, 17 & 18 Septembre 1897

COMPTE RENDU

DES

TRAVAUX DU CONGRÈS

TOULOUSE

IMPRIMERIE G. BERTHOUMIEU

20, RUE DE LA COLOMBETTE, 20

1897

VIe CONGRÈS NATIONAL

Des Bourses du Travail

COMPTE RENDU DES TRAVAUX

TOULOUSE, IMPRIMERIE G. BERTHOUMIEU

VIe CONGRÈS

DE LA

Fédération nationale des Bourses du Travail

TENU A TOULOUSE

Les 15, 16, 17 & 18 Septembre 1897

—•+•—

COMPTE RENDU

DES

TRAVAUX DU CONGRÈS

TOULOUSE

IMPRIMERIE G. BERTHOUMIEU

20, RUE DE LA COLOMBETTE, 20

—

1897

PRÉFACE

CAMARADES,

Malgré que la Bourse du Travail de Toulouse ait été désignée bien tard pour la tenue des Congrès, après le refus de la municipalité du Mans, touchant la subvention nécessaire à accorder pour leur organisation, la Commission de Toulouse, d'accord avec le Comité fédéral, s'est mise résolûment à l'œuvre.

Cette Commission d'organisation des Congrès de Toulouse, n'a eu qu'à se féliciter de l'heureux empressement qu'ont mis les Bourses du Travail fédérées, à répondre spontanément à l'appel qui leur était adressé.

Grâce à cet empressement, la Commission d'organisation, satisfaite du dévouement montré par toutes les Bourses, a pu élaborer ainsi l'ordre du jour des travaux du Congrès :

ORDRE DU JOUR :

Questions administratives

1º Rapport moral et financier pour l'exercice 1896-1897;

2º Résultat du *Referendum* sur le siège fédéral;

3º Rapports particuliers et rapport d'ensemble sur le fonctionnement des Bourses du Travail;

4º Rapport des Bourses et du Comité fédéral avec la Confédération générale du Travail;

5º Bulletin officiel de la Fédération. Proposition de la revue *L'Ouvrier des Deux Mondes*. Mise à la charge du Comité fédéral de la publication des travaux du Congrès.

Questions théoriques

Les questions théoriques portées à l'ordre du jour du Congrès de la Fédération des Bourses du Travail de France et des Colonies, au nombre de cinq, comprenaient, toutes, la recherche des moyens à employer pour étendre la propagande des Bourses du Travail.

Voici quelles étaient ces cinq questions :

1º Mise à l'étude et discussion en réunions plénières de questions économiques;

2º Conférences hebdomadaires dans le ressort de chaque Bourse du Travail;

3º Syndicats agricoles : projet de statuts, moyen de propagande;

4º Maisons de marins (Sailors'home);

5º Groupement des sans-travail de toutes catégories.

Etudes et Vœux

1º De l'action unitaire des Bourses pour arriver à la création d'un journal quotidien;

2º Y a-t-il lieu d'envoyer chaque année une délégation en Algérie ? Si oui, quelles mesures ordonne le Congrès ?

La Commission exécutive d'Organisation des Congrès était certaine que toutes les Bourses du Travail auraient à cœur de se faire représenter à cet important Congrès de la Fédération.

Elle terminait ainsi son manifeste adressé à tous les Travailleurs de France et des Colonies :

« Pour la confirmation d'un passé plein de luttes, pour la consolation d'un présent si triste sous le joug capitaliste, pour l'espérance en un radieux avenir de liberté et de fraternité véritables, enfin, pour que se manifestent plus rapides les batailles vengeresses que dévoile un horizon menaçant, venez tous à Toulouse étudier les causes de vos souffrances injustes afin d'en abolir les effets. »

Tous à l'œuvre pour l'émancipation des Travailleurs!

Le Secrétaire fédéral.

F. PELLOUTIER.

Pour la Commission d'organisation,

DANFLOUS, BARLAN, ROLLAN.

Le Secrétaire.

F. BOUSQUET.

BOURSES REPRÉSENTÉES

AU

VIe CONGRÈS NATIONAL DES BOURSES DU TRAVAIL

De France et des Colonies

Cognac...............	DANFLOUS...	Rue Pharaon, 27, Toulouse.
Toulouse..........	COLONI.....	Rue des Treize-Vents, 36.
Dijon..............	RAYMOND...	Rue Vannerie, 98.
Nantes.............	RIBRAC.....	Rue des Olivettes, 18.
Angers.............	GANDON....	Rue des Trois-Moulins, 4.
Le Mans..........	RICHER.....	Rue Godard, 1.
Cholet.............	BOUSQUET...	Toulouse.
Tours.............	POMMIER...	Place du Châteauneuf, 3.
Boulogne-sur-Mer.	CAZAUX....	Toulouse.
Niort.............	CORBIÈRE...	Toulouse.
Rennes............	ROLLAN....	Toulouse.
Saint-Etienne.....	NEYRON....	Rue Neyron, 23.
Grenoble..........	GIRARD.....	Quai Xavier-Jouvin, 30.
Châlon-sur-Saône.	CAPJUZAN...	Rue de Savies, 6, Paris.
Rouen.............	PINEL.....	Toulouse.
Nevers............	LAURENS...	Au Champ de la Ville.
Montpellier......	BENÉSECH..	Rue Général-Riu, 4.
Perpignan........	ORTIC.....	Rue Arago, 55.
Limoges..........	GROQ......	Toulouse.
Carcassonne......	E. SEPTOURS	Rue du 24 Février, 14.
Nimes............	DUMAS.....	Place de la Couronne, 4.
Alger.............	SOULERY...	Rue Mogador, 44.
Saint-Chamont...	NEYRON....	Rue Neyron, 23.
Narbonne........	RANCOULE..	Rue Niquet, 4.
Clichy...........	PELLOUTIER.	Rue des Deux-Ponts, 11.
Bourges..........	POMMIER...	Place du Châteauneuf, 3.
Nice.............	MARTINETTI.	Rue Peyrolière, 2.
Besançon.........	DELESALLE..	Rue Moufetard, 140.
Versailles........	BOUSQUET...	Toulouse.
Boulogne-s.-Seine.	GROQ.......	Toulouse.
Amiens..........	DELESALLE..	Rue Moufetard, 140.
Union des Syndicats de la Seine.	SEIGNÉ.....	Passage Maslier, 4.

Il faut mentionner en outre les Bourses de Saint-Nazaire et d'Aix qui ont fait parvenir au Congrès leur adhésion morale.

FÉDÉRATION DES BOURSES DU TRAVAIL

De France et des Colonies

STATUTS

ARTICLE PREMIER. — Une Fédération est formée entre toutes les Bourses du Travail de France et des colonies. Elle prend le titre de **Fédération des Bourses du Travail de France et des Colonies**.

Elle a pour but :

1º D'unifier et de faire aboutir les revendications des syndicats ouvriers ;

2º D'étendre et de propager l'action des Bourses du Travail dans les centres industriels et agricoles ;

3º De réunir tous les éléments statistiques et de les communiquer aux Bourses adhérentes, et en même temps généraliser le placement gratuit des travailleurs des deux sexes et de tous les corps d'état.

ART. 2. — Pour l'exécution des décisions de la *Fédération nationale des Bourses du Travail*, immédiatement après la réunion du Congrès annuel, les Bourses du Travail fédérées nommeront chacune un délégué afin de constituer le *Comité fédéral*, qui siègera dans la ville désignée par le Congrès. Ces délégués devront faire partie d'un Syndicat adhérent à une Bourse du Travail.

ART. 3. — Au cas où les pouvoirs publics entraveraient l'action du *Comité fédéral*, celui-ci serait remplacé d'office par la Commission exécutive de la Bourse du Travail où aurait eu lieu le dernier Congrès de la Fédération.

Cette Commission ferait convoquer immédiatement les Bourses fédérées en un Congrès extraordinaire dans la ville précédemment désignée.

ART. 4. — Il est créé, au sein de la Fédération des Bourses, un *Comité d'initiative et de propagande* chargé d'envoyer des conférenciers dans les centres ne possédant pas de Bourses, afin d'étendre le plus possible ces institutions. Le *Comité fédéral* est autorisé à charger les Bourses du Travail elles-mêmes de faire cette propagande dans leur région.

Art. 5. — Les frais créés par le *Comité fédéral* sont à la charge des Bourses du Travail fédérées.

Art. 6. — Les statuts de la Fédération ne sont revisables que par un Congrès. L'ordre du jour du Congrès de la Fédération devra être publié et envoyé aux Bourses, deux mois au moins avant le Congrès.

Art. 7. — Les délibérations officielles du *Comité fédéral* seront insérées dans le Bulletin des Bourses du Travail.

Art. 8. — La présence de la moitié plus un des représentants des Bourses du Travail fédérées sera nécessaire pour assurer la validité des délibérations du Comité fédéral.

Le *Comité fédéral* devra avertir les Bourses du Travail fédérées lorsque leur délégué aura manqué trois fois de suite à ses séances.

Les Bourses du Travail devront statuer dans le délai d'un mois.

Art. 9. — Sont admises au Congrès toutes les Bourses du Travail, mais l'adhésion au Congrès implique l'adhésion à la Fédération.

Art. 10. — Les ressources de la *Fédération nationale des Bourses du Travail* se composent des cotisations des Bourses du Travail fédérées. Elles sont ainsi fixées :

Bourses ayant de 1 à 5 Syndicats : 1 fr. 75 par mois.
Bourses ayant plus de 5 syndicats : 0 fr. 35 par Syndicat et par mois.

Art. 11. — Les Bourses du Travail fédérées devront acquitter leurs mensualités au moins tous les trimestres.

Celles dont les Municipalités ou l'Etat auront supprimé les subventions devront inviter les organisations syndicales les composant à pourvoir au paiement des cotisations à la *Fédération nationale des Bourses du Travail*. Ces cotisations seront centralisées par elles, pour être versées par trimestre au moins.

Art. 12. — Toute Bourse du Travail fédérée en retard du payement de ces cotisations sera considérée comme démissionnaire, après un avis de payer resté sans réponse dans un délai de trois mois.

Toutefois, elle ne pourra être rayée que par décision du Congrès des Bourses.

Dans le cas de force majeure et sur sa demande, un laps de temps lui sera accordé pour se liquider.

En aucun cas, ce délai ne pourra excéder une année.

ART. 13. — Toute Bourse du Travail démissionnaire du fait de non-versement de ses cotisations à la *Fédération nationale des Bourses du Travail*, devra les acquitter intégralement en demandant sa réadmission.

ART. 14. — Un règlement intérieur sera élaboré par le Comité fédéral.

Voir page 99 le Rapport in-extenso du Co
Fédéral, *discuté dans la séance du 15 sep*
bre 1897.

———————————

VIᵉ CONGRÈS NATIONAL

Des Bourses du Travail

COMPTE RENDU DES TRAVAUX

MERCREDI 15 SEPTEMBRE

PREMIÈRE SÉANCE

La séance est ouverte à 9 heures et demie. L'administrateur de semaine de la Bourse de Travail de Toulouse, au nom de de la Bourse et de la Commission d'organisation, remercie les Bourses de la confiance qu'elles ont témoigné à celle de Toulouse en envoyant au Congrès de nombreux délégués. Il espère que de ce Congrès résultera l'affermissement de la Fédération.

Cette allocution applaudie, le président procède à l'appel nominal. Puis les camarades Ortic, Pommier et Danflous sont nommés commissaires pour la vérification des mandats.

Sont validées, sans observations, les Bourses du Travail de *Alger, Angers, Boulogne-sur-Mer, Clichy, Cognac, Carcassonne, Dijon, Grenoble, Le Mans, Limoges, Montpellier, Nantes, Narbonne, Nevers, Nice, Nîmes, Niort, Perpignan, Rennes, Union des Syndicats du département de la Seine, Saint-Etienne, Toulouse, Tours.*

Alger demande si la Bourse de Saint-Chamond, déjà représentée à Nîmes et à Tours, est fédérée.

Le Comité fédéral répond que, contrairement à la décision du Congrès de Nîmes, qui stipulait que l'adhésion d'une Bourse au Congrès impliquait son adhésion à la Fédération, Saint-Chamond n'a, ni après Nîmes, ni après Tours, correspondu avec le Comité fédéral ou versé des cotisations.

Saint-Etienne fait connaître que la Bourse de Saint-Chamond, qui compte six syndicats, a été chassée de la mairie il y a quelques mois; désorganisée, elle n'a donc pu remplir son devoir à l'égard de la Fédération. Mais il est probable que, dans l'avenir, elle se soumettra à la décision du Congrès.

Grenoble, Alger, Tours et Nîmes demandent le respect des décisions prises à Nîmes et à Tours. Tout ce qu'il est possible de faire, c'est d'admettre Saint-Chamond à titre consultatif.

Le Congrès décide qu'un télégramme devra être envoyé à Saint-Chamond pour savoir si elle entend se fédérer.

Rouen devra également confirmer par télégramme le mandat envoyé au citoyen Pinel.

Projet de Caisse de retraite du citoyen Escuyer.
— **Alger** fait connaître qu'elle a demandé l'inscription à l'ordre du jour du Congrès des Bourses du projet de caisse de retraite établi par le citoyen Escuyer. Le Comité fédéral lui a répondu que, conformément à la décision prise au Congrès de Tours, ce projet ne pouvait être discuté au Congrès des Bourses que si sa solution devait résulter de l'action personnelle des Bourses; mais que si cette solution devait dépendre du Parlement, le Congrès des syndicats seul avait qualité pour discuter le projet. **Alger** reconnaît le bien fondé de cette réponse; ce qu'il regrette et ce qu'il croit devoir combattre, c'est la décision de Tours, car il est inadmissible que les Bourses s'abstiennent volontairement d'examiner les questions dont la solution dépend du Parlement. En agissant ainsi, en se cantonnant dans le domaine purement administratif, elles se condamneraient à l'impuissance. D'autre part, il y a eu contradiction dans le vote de **Tours** puisque le Comité fédéral, à qui l'on interdisait de s'occuper des questions subordonnées à l'action parlementaire, était chargé en même temps de projets, tels que la modification de la loi sur le travail des femmes et des enfants, la suppression du travail dans les prisons, etc., qui doivent être tranchées par le Parlement.

Le projet ESCUYER a ceci de bon, que conçu d'une façon claire et simple, il est de nature à procurer aux travailleurs quelques avantages immédiats. **Alger** le défendra lorsqu'il sera mis en discussion. Pour l'instant, il est nécessaire que le

Congrès autorise le Comité fédéral à s'en occuper, ainsi que de toute question de même nature.

Nîmes demande le renvoi de cette discussion à la suite de l'ordre du jour.

Grenoble fait observer qu'avant de voter le renvoi de la discussion, il faut savoir d'abord si le Congrès de Toulouse acceptera ou non de rapporter la décision du Congrès de Tours.

Narbonne exprime le même avis.

Le **Comité fédéral** fait observer, au contraire, que le Congrès peut inscrire dès maintenant le projet ESCUYER à l'ordre du jour, sans être obligé pour cela de trancher immédiatement la question de principe posée par **Grenoble**. Cette question découlera naturellement de la solution du débat et, par conséquent, du mandat qui sera donné au **Comité fédéral**.

Grenoble maintient qu'il faut savoir tout de suite si la décision de **Tours** sera confirmée ou non, car elle a lié des Bourses. **Grenoble** entre autres, qui s'est étonnée de l'adoption de cette proposition.

Le **Comité fédéral** n'a pas cru, en votant la décision prise à Tours, qu'elle engageât les Bourses. **Tours** a voulu simplement éviter que le Comité fédéral eût à se prononcer entre les diverses théories socialistes et risquer ainsi de diviser les Bourses. Mais les Bourses elles-mêmes restent libres d'agir comme elles l'entendent, et, le cas échéant, de concerter une action parlementaire. Ainsi, seulement, le Comité fédéral évitera l'écueil où ont sombré les conseils de toutes les organisations centrales antérieures.

Alger ne demande pas que le Comité fédéral puisse faire de la politique militante; mais il doit, lui qui centralise toutes les décisions et toutes les aspirations des Bourses, pouvoir s'occuper d'autre chose que de la société future, traiter ce qui a un intérêt immédiat pour les travailleurs.

Limoges appuie le renvoi de la discussion, de façon à permettre aux délégués qui le jugeraient utile, de consulter la Bourse qu'ils représentent.

Le Congrès décide le renvoi du projet ESCUYER, ainsi que de toutes les questions qui, non inscrites à l'ordre du jour, seraient soulevées au cours des discussions.

Le Congrès décide que la séance de l'après-midi, consacrée aux affaires administratives de la Fédération, sera privée. Le

Congrès décidera à chaque séance si la séance suivante sera privée ou publique.

Les séances auront lieu de 8 heures à 11 heures et de 2 heures à 6 heures.

Tours et Nevers proposent au Congrès le vote d'un ordre du jour et l'organisation d'une collecte en faveur des boutonniers de Tours et des plombiers-zingueurs de Nevers, qui sont actuellement en grève. Ces propositions sont adoptées.

La collecte immédiatement faite produit 36 fr. 25.

Le citoyen DANFLOŪS, au nom de la Bourse de Toulouse, informe le Congrès qu'une réception des délégués aura lieu demain à la Mairie. Les délégués seront présentés par la Commission d'organisation.

La séance est levée à 11 heures et demie.

DEUXIÈME SÉANCE

Président : *Grenoble*. Assesseurs : *Dijon*, *Nimes*.

La séance est ouverte à 2 heures.

Sont présents : *Alger*, *Angers*, *Boulogne-sur-Mer*, *Carcassonne*, *Clichy*, *Cognac*, *Dijon*, *Grenoble*, *Limoges*, *Le Mans*, *Narbonne*, *Nimes*, *Nice*, *Nantes*, *Niort*, *Nevers*, *Paris*, *Perpignan*, *Rouen*, *Rennes*, *Saint-Etienne*, *Saint-Chamond*, *Toulouse*, *Tours*.

Rouen confirme le mandat envoyé au camarade Marius PINEL.

Lecture est donnée d'un télégramme de Narbonne annonçant que la municipalité a supprimé, hier, les deux derniers douzièmes de la subvention accordée pour 1897 à la Bourse du Travail par l'ancienne administration.

Narbonne fait connaître les incidents scandaleux à la suite desquels la municipalité socialiste de Narbonne a été remplacée par une municipalité réactionnaire. Il annonce que les syndicats sont résolus à s'organiser d'une façon indépendante et à constituer avec leurs propres ressources un service de placement.

Alger demande si le budget de la Bourse de Narbonne est voté par douzièmes ou bien en bloc pour l'année.

Narbonne ayant répondu que le budget est voté en bloc, **Alger** fait observer que la municipalité de Narbonne n'avait pas le droit de supprimer un seul douzième de la subvention votée au commencement de l'exercice. Elle ne peut le faire que pour les exercices futurs. La Bourse de Narbonne doit donc, même au prix d'un procès perdu d'avance, exiger le versement des deux douzièmes qui viennent d'être illégalement supprimés. C'est là une question qui intéresse toutes les Bourses.

Alger avait organisé dans ses locaux une série de conférences de propagande. Elle se les vit un jour interdire, sous prétexte que ces conférences, ayant un caractère public, auraient dû être déclarées. **Alger** ne tint pas compte de l'interdiction et fut poursuivie. Or, elle en appela de la loi de 1884, de la circulaire de Waldeck-Rousseau, qui donna le droit aux syndicats d'agir librement pour la défense de leurs intérêts, et surtout du droit conféré aux instituteurs de faire des conférences populaires sans déclaration préalable. Le juge de paix lui donna raison. Il faut que **Narbonne** aille également jusqu'au bout et qu'au besoin les autres Bourses lui viennent en aide pour soutenir le procès.

Narbonne répond qu'elle est décidée à mener la lutte que préconise **Alger**. C'est pourquoi, se trouvant sans ressources, elle se propose de faire appel à toutes les Bourses.

Sur interpellation de **Saint-Etienne**, **Narbonne** ajoute que sa subvention de 3,500 francs a toujours été votée en bloc.

Montpellier estime que, dans ces conditions, la décision prise par la municipalité actuelle est illégale. Libre à elle d'agir comme elle l'entendra pour les exercices futurs, mais elle ne peut annuler des douzièmes d'une allocation votée intégralement avant son arrivée aux affaires et approuvée par le ministère.

Dijon est d'avis qu'une municipalité ne peut *annuler* le vote, mais elle peut, comme cela a été fait à Dijon, *ajourner le paiement de douzièmes*, et contre cette mesure, il n'y a rien à faire. La meilleure tactique à suivre pour **Narbonne**, c'est de se procurer des ressources par elle-même. **Dijon** dépose l'ordre du jour suivant :

Le Congrès des Bourses du Travail, après avoir eu communication de la décision du conseil municipal de Narbonne, supprimant le paiement de deux douzièmes de la subvention de la Bourse avec l'espoir d'atteindre ainsi l'existence de cette institution, blâme la municipalité de son vote, engage les camarades syndiqués de Narbonne à parer à cette décision et demande aux Bourses fédérées de soutenir efficacement Narbonne dans le cas où elle serait obligée de se suffire à elle-même.

Rouen propose la motion suivante :

Les délégués au Congrès de la Fédération des Bourses s'engagent à faire le plus de propagande possible pour venir en aide à la Bourse du Travail de Narbonne, privée de la subvention par la municipalité opportuniste nouvellement élue; invite les syndiqués de Narbonne à faire tous leurs efforts pour se faire restituer les deux douzièmes supprimés par le conseil municipal; engage les camarades de Narbonne à s'unir plus étroitement que jamais pour faire face à la classe capitaliste qui cherche à écraser le mouvement syndical en France.

Alger dit que, illégale ou non, la décision de la municipalité de Narbonne ne doit pas être laissée sans protestation ; il y va de la dignité des travailleurs. Nous devons revendiquer les deux douzièmes enlevés à la Bourse de Narbonne, dût la solution du débat n'intervenir que dans dix ans. Alger propose :

Considérant que la municipalité de Narbonne a outrepassé ses droits en annulant les deux derniers douzièmes de la subvention de 1897, le Congrès des Bourses du Travail s'engage à soutenir moralement et matériellement Narbonne pour obtenir la restitution de cette somme.

Limoges appuie cet ordre du jour et **Perpignan** demande qu'il soit notifié, dès demain, à la municipalité de Narbonne et publié dans les journaux corporatifs et socialistes.

Tours ne croit pas possible la restitution des deux douzièmes en litige; mais les travailleurs de Narbonne qui en ont escompté le paiement et ont fait, par conséquent, des dépenses, doivent les réclamer sans trève. Sinon, ils laisseraient créer un précédent qui tuerait tôt ou tard celles des Bourses qui, comme Tours, touchent leur subvention, non par douzièmes, mais par quarts. D'autre part, il ne faut pas que nous laissions l'existence de nos Bourses à la discrétion des municipalités.

Saint-Etienne accepte l'ordre du jour d'**Alger**, mais avec modifications, car diverses Bourses se trouvent dans le même cas que **Narbonne**, et si l'ordre du jour d'**Alger** était adopté tel qu'il vient d'être lu, ces Bourses pourraient être immédiatement privées de leur subvention. Les Bourses ne sont pas des institutions reconnues d'utilité publique; on ne peut donc pas dire que les municipalités n'aient pas le droit de leur retirer les subventions accordées.

Alger et **Montpellier** ne contestent pas cette thèse pour ce qui concerne le vote des subventions, mais ils la contestent s'il s'agit d'annuler des douzièmes d'une subvention votée antérieurement et, qui plus est, par une administration différente.

Nevers propose que les Bourses comptent un peu plus sur les éléments dont elles se composent que sur les pouvoirs publics.

On met aux voix l'ordre du jour d'**Alger,** conçu, après modification, comme suit :

Considérant que la municipalité de Narbonne a outrepassé ses droits en annulant les deux douzièmes de l'exercice 1897, indispensables pour assurer l'existence de la Bourse et permettre le paiement des dépenses déjà faites, le Congrès s'engage à soutenir moralement et matériellement la Bourse de Narbonne pour obtenir la restitution des deux douzièmes qui lui sont légalement dus.

Votent **pour** : Tours, Alger, Grenoble, Carcassonne, Clichy, Perpignan, Toulouse, Le Mans, Paris, Nîmes, Cognac, Narbonne, Montpellier, Nice, Nevers, Limoges, Saint-Etienne.

Contre : Niort, Boulogne-sur-Mer, Rennes, Dijon, Rouen, Angers.

Rouen explique que la suppression de deux douzièmes seulement, alors qu'il en reste dû trois jusqu'à la fin de l'exercice, lui paraît assez obscure.

Abstention : **Nantes,** parce que, actuellement privée de ressources, elle ne peut venir en aide à Narbonne. Mais le délégué s'engage à faire le possible pour que la Bourse remplisse son devoir.

La proposition faite par **Perpignan** de notifier l'ordre du jour d'Alger à la municipalité de Narbonne et à tous les journaux corporatifs et socialistes est ensuite adoptée par toutes les Bourses, moins Toulouse, Angers, Limoges. S'abstiennent : Niort, Dijon, Rennes.

Le procès-verbal de la précédente séance est adopté. Puis on valide le mandat de Besançon.

A propos du procès-verbal, **Saint-Etienne** fait remarquer qu'on a suspendu ce matin le mandat de Saint-Chamond parce que cette Bourse n'a pas versé de cotisations. Or, deux autres Bourses se trouvent dans le même cas : Nantes et Limoges. Quelle décision le Congrès va-t-il prendre à leur égard?

Le **Comité fédéral** expose que la Bourse de Limoges reçoit une subvention relativement élevée. D'autre part, son règlement prévoit la perception de cotisations qui doivent être versées à la Caisse d'épargne. Or, après avoir adhéré au Comité fédéral et payé une première cotisation, Limoges refusa d'en payer une seconde et se retira, alléguant que sa subvention était insuffisante pour les dépenses de la Bourse. Vainement, le Comité fédéral lui fit observer que des Bourses moins subventionnées, que d'autres privées de toute subvention, n'avaient jamais hésité à s'imposer les plus lourds sacrifices pour acquitter les charges fédérales. Or, est-il admissible qu'une Bourse organisée comme celle de Limoges puisse se soustraire au devoir de solidarité, quand de bien plus modestes Bourses, réduites à leurs seules ressources et placées dans des conditions économiques difficiles, apportent à la Fédération leur contribution pécuniaire?

Le **Comité fédéral** signale les cas particuliers de Nantes, Saint-Chamond, Commentry et Villeneuve-sur-Lot. Il demande que ces deux dernières Bourses soient radiées des contrôles de la Fédération.

Enfin, il explique qu'une double et très regrettable erreur a été commise par le rapport financier au préjudice de la Bourse de Montpellier. On a d'abord porté le total de sa dette à 82 fr., alors qu'il n'était que de 75 fr.; puis on a attribué à une situation financière difficile le fait que Montpellier n'avait opéré pendant l'exercice 1896-97 aucun versement. Or, le Comité fédéral possédait déjà depuis un an, à l'actif de Montpellier, une somme de 50 fr. Puis, Montpellier a versé récemment 25 fr. Elle se trouvait donc financièrement en règle avec la Fédération à la date du 30 juin.

Nantes déclare que, composée au début de cinquante syndicats, elle n'en compte plus aujourd'hui que quatorze payants. Depuis quelques mois, sa subvention a été rétablie au taux antérieur et elle compte liquider immédiatement sa dette fédérale. Elle désire seulement que son compte soit désormais établi proportionnellement au nombre des syndicats payants. Le Congrès prend acte de cette déclaration.

Perpignan pense que, si la subvention accordée à **Limoges** est réellement insuffisante pour le paiement des cotisations fédérales, les trente-cinq syndicats adhérents à cette Bourse pourraient du moins se cotiser pour acquitter la modique quotité mensuelle de 12 fr. 25. Il serait bon que le Comité fédéral fît une nouvelle démarche auprès de **Limoges** pour savoir si elle entend rester fédérée sans vouloir supporter les charges fédérales. Il convient également d'inviter toutes les Bourses qui ne paient pas leurs cotisations à se libérer avant le 31 décembre prochain, sous peine, et à moins de circonstances majeures ou imprévues, d'être rayées des contrôles de la Fédération.

Limoges croit que la Bourse se conformera à la décision du Congrès, mais auparavant il serait utile que le Congrès prenne connaissance des lettres échangées au sujet de cette affaire entre la Bourse et le Comité fédéral.

Tours constate qu'il y a à Limoges une organisation solide, et ce ne peut être pour la seule raison financière que **Limoges** se soit détachée de la Fédération. En ce qui concerne la correspondance dont il vient d'être question : **Tours**, à qui elle a été confiée hier par le secrétaire de la Bourse de Limoges, estime qu'elle n'a pas un caractère officiel et qu'elle ne doit être lue au Congrès qu'à titre d'éclaircissement.

Le **Comité fédéral** déclare que cette correspondance, sans notifier de décision officielle, a cependant le caractère officiel.

Limoges donne lecture de ces lettres, puis de la circulaire par laquelle la Bourse vient de répondre à la note insérée à son sujet dans le rapport fédéral.

Paris demande d'abord si ces lettres, ainsi que celles relatives à l'affaire d'Angoulême, ont été lues au Comité fédéral. Il voudrait, en tout cas, que les correspondances fédérales se bornent à la notification des décisions officielles.

Le **Comité fédéral** répond affirmativement à la question posée. Il demande, en outre, au **Congrès** de dire si, comme le désire **Paris**, le secrétaire fédéral doit se borner à un rôle de scribe et, par suite, relâcher les liens qui unissent les Bourses au Comité fédéral, ou bien, cherchant toujours à étendre la Fédération, multiplier les correspondances et entretenir ainsi l'activité des Bourses. Il pense que si le Congrès admettait la thèse de **Paris,** c'en serait fait à bref délai de la Fédération.

Grenoble estime que le secrétaire fédéral n'avait pas le droit de montrer à l'égard de **Lyon** le dédain que manifeste une des lettres lues. **Lyon** a été privée de subvention, et c'est pour cela, sans doute, qu'elle n'aura pu continuer à prendre sa part des charges fédérales.

Le **Comité fédéral** conteste cette explication et rappelle qu'antérieurement au Congrès de **Tours**, Lyon avait décidé de liquider sa dette fédérale par le versement chaque mois d'une double mensualité. Après la déclaration faite par son délégué à **Tours**, le Comité fédéral pensait que **Lyon** continuerait à payer cette double mensualité. Mais un peu après le Congrès, elle donna sa démission et n'effectua plus aucun versement. C'est là la cause de l'indifférence avec laquelle le Comité fédéral a accueilli sa retraite.

Tours n'admet pas que le secrétaire de la Fédération, comme, du reste, tout secrétaire d'organisation ouvrière, doive se borner à enregistrer et à notifier aux Bourses les décisions officielles du **Comité**. Il lui faut une certaine initiative, c'est-à-dire le droit, en s'inspirant de l'esprit qui anime le **Comité**, de stimuler chaque fois qu'il est nécessaire le zèle des Bourses. En tout cas, si la correspondance lue est intéressante et méritait d'être connue, elle ne peut faire l'objet d'un débat. Ce qui reste, c'est la situation de **Limoges**, et l'on ne peut admettre qu'une Bourse se retire de la Fédération sans avoir rempli ses engagements. Quant à **Lyon**, n'a-t-elle pas, elle aussi, à propos du Congrès corporatif de **Tours** où elle figurait par erreur, émis dans son bulletin un avis injurieux pour le Congrès de 1896 ?

Limoges fait observer qu'on se trouve entre deux affirmations : celle du Comité fédéral, qui affirme que **Limoges** peut payer, et celle du citoyen TREICH qui déclare le contraire. Qui le Congrès doit-il croire ?

Perpignan propose l'adoption de l'ordre du jour suivant :

Le Congrès, après avoir entendu le rapport du Comité fédéral et les explications des délégués des Bourses intéressées, décide qu'une invitation sera faite aux Bourses pour les prier d'acquitter leurs cotisations avant le 31 décembre. Passé ce délai, et à moins de circonstances supérieures imprévues, elles seront rayées des contrôles de la Fédération.

Néanmoins, celles qui sont représentées prendront part à tous les votes du Congrès.

Cet ordre du jour, appuyé par **Nantes, Narbonne, Montpellier**, est adopté à l'unanimité.

Tours présente la proposition additionnelle qui suit :

En ce qui concerne la situation pécuniaire de la Bourse du Travail de Limoges à l'égard de la Fédération, le Congrès invite Limoges à payer au Comité fédéral les cotisations dues jusqu'au jour où Limoges a notifié sa démission ; mais le Congrès désirerait que la Bourse de Limoges continue à faire partie de la Fédération des Bourses du Travail.

Saint-Etienne ne comprend pas pourquoi **Tours** présente cette proposition, puisqu'elle est implicitement contenue dans celle de **Perpignan.**

Le vote ouvert sur l'amendement de **Tours** donne les résultats suivants :

Votent **pour** : Saint-Etienne (avec le regret qu'il ne comprenne pas les autres Bourses dans le même cas que Limoges), Tours, Nevers, Alger, Dijon, Carcassonne, Clichy, Toulouse, Nantes, Le Mans, Narbonne, Rouen, Montpellier, Besançon.

Contre : Rennes, Niort, Boulogne-sur-Mer, Grenoble, Perpignan, Angers, Nice, Paris, Nîmes, Cognac.

Abstentions : Limoges, Saint-Chamond.

L'amendement est adopté.

Paris présente la motion suivante pour être discutée avec l'article 2 de l'ordre du jour :

Considérant que la question de savoir de quelle façon la correspondance fédérale doit être faite dans l'avenir n'entre pas dans le domaine des faits mentionnés par le rapport et qu'aucune discussion ne saurait modifier, l'Union des Syndicats de la Seine propose que cette question soit comprise dans le deuxième article de l'ordre du jour.

Cette proposition est adoptée. Puis le **Comité fédéral** continue le commentaire de son rapport.

Le **Comité,** chargé par le Congrès de **Lyon** d'une triple enquête sur les causes de l'inapplication de la loi du 2 novembre 1892, le travail des prisons et les bureaux de placement, dut, l'année dernière, déjà indiquer aux Bourses que, faute par elles d'avoir répondu au questionnaire qui leur avait été envoyé, il avait été impossible d'établir le mémoire prescrit par le Congrès de Nîmes. Cette année encore, les Bourses n'ont pas répondu, et seule a pu être dressée la partie concernant le travail des femmes et des enfants.

De même, le **Comité** chargé d'ouvrir une enquête sur la possibilité d'une propagande agraire, pria les Bourses, pour s'éclairer, de lui indiquer l'état d'esprit des travailleurs agricoles de leur région et les moyens de les grouper. Or, un nombre infinitésimal de Bourses répondit, et de la sorte le **Comité,** en même temps qu'il était obligé d'établir un projet de statuts sans bases certaines, dut attendre, pour commencer la propagande projetée, que le Congrès lui eût fourni les indications que ne lui avaient pas données les Bourses.

Tours avait chargé le **Comité** de proposer aux Bourses l'adoption d'un texte uniforme d'imprimés relatifs au service du placement pour éviter des frais onéreux d'affranchissement postal. Or, quelques Bourses seulement ont fait connaître leur avis.

Enfin, le Congrès de Tours ayant décidé que désormais les Bourses présenteraient à chaque Congrès un rapport sur leur fonctionnement, le Comité fédéral rappela le mois dernier cette décision. Neuf Bourses seulement ont envoyé l'historique qui leur était demandé.

Cette absence de relations paralyse le Comité fédéral, et il est nécessaire que le Congrès de Toulouse prenne à ce sujet des mesures sérieuses, sans quoi on pourrait se demander si la Fédération des Bourses elles-même est utile. Certaines Bourses n'écrivent jamais, ni au **Comité** ni à leur délégué : d'autres n'ont point de représentant. Dans ces conditions, il est impossible d'accomplir un travail utile.

Saint-Etienne annonce qu'elle a, cette année, créé deux fédérations : celles des tissages et des mineurs, ainsi que les sections de mouleurs de Firminy et du Chambon, adhérentes au Syndicat des mouleurs de Saint-Etienne qui fait lui-même partie de la Fédération nationale des mouleurs. En ce qui concerne la propagande agraire, **Saint-Etienne,** bien que son département soit surtout industriel, essaiera de créer des syndicats d'agriculteurs dans l'arrondissement de Montbrison.

Alger constate que, devant l'inertie à laquelle s'est heurté le Comité fédéral, celui-ci a fait plus encore qu'il ne pouvait. Ce qu'il faut, c'est que, de retour chez lui, chaque délégué fasse bien comprendre à sa Bourse le rôle important que doit jouer la Fédération et, par suite, l'appui qu'il faut lui donner.

On tend trop, dans certaines Bourses, à se confiner dans le travail du placement. Le placement n'est que l'œuvre secondaire. Il faut étudier des questions plus larges, rompre avec l'inertie habituelle, et que chacun apporte à l'œuvre collective son contingent de labeur.

Le Mans et **Tours** font connaître que leur historique est tout préparé et qu'ils vont l'envoyer au Comité fédéral. **Le Mans** ajoute que le **Comité** n'a peut-être pas fait tout ce qu'il aurait dû pour la création de nouvelles Bourses.

Dijon déclare que si le Comité fédéral a le droit de se plaindre de l'inactivité de certaines Bourses, certaines Bourses ont aussi le droit de se plaindre de ce que leurs délégués ne correspondent jamais avec elles.

Grenoble dit que le Comité fédéral n'ayant jamais exécuté les décisions du Congrès, il est difficile aux Bourses de fournir les renseignements et documents dont aurait besoin le **Comité**. Ainsi le **Comité** n'a envoyé aucun questionnaire relativement aux trois enquêtes prescrites par les Congrès de Lyon, Nîmes et Tours.

Comment les Bourses auraient-elles pu répondre ? De même, le Congrès de Nîmes avait décidé qu'un manifeste serait publié le 1er mai de chaque année ; le Comité fédéral s'est empressé de ne pas en publier cette année. Tant que le Comité fédéral agira ainsi, il sera compréhensible que les Bourses ne lui donnent pas tout le concours utile. Quant à l'historique que devaient établir les Bourses, **Grenoble** en a-t-elle été informée ? Pas davantage.

Le **Comité fédéral** répond au **Mans** que maintes Unions de syndicats seraient en mesure, avec quelque énergie, de créer des Bourses du Travail. Aux demandes du Comité fédéral, elles opposent malheureusement l'objection que, n'ayant à attendre aucun appui financier de la part de leur conseil municipal, elles ne peuvent rien faire ; et c'est vainement que le Comité fédéral les invite à prouver le mouvement en marchant, c'est-à-dire à créer d'abord la Bourse avec les ressources disponibles, pour prouver à la municipalité qu'elle doit s'y intéresser.

Quant à **Grenoble,** outre qu'elle a reçu, comme toutes les Bourses, le Questionnaire dressé par le Comité fédéral sur l'enquête prescrite à Tours, il n'est pas étonnant qu'elle ignore ce que fait le **Comité,** puisqu'elle n'y a pas de représentant.

Enfin, ce qui concerne le manifeste du 1er Mai, que le Comité fédéral ne pouvait évidemment publier sans être certain d'en placer des exemplaires, il a rencontré si peu d'accueil parmi les Bourses, que huit seulement ont répondu à la circulaire du **Comité,** et trois ou quatre ont commandé un certain nombre d'affiches.

Le Mans estime qu'il ne faut pas se contenter des impossibilités opposées par les organisations avec lesquelles correspond le Comité fédéral. Il faudrait que celui-ci envoyât des délégués.

Narbonne fait observer qu'il y a là une difficulté financière.

Rouen estime que les Bourses doivent sortir de leur torpeur, étudier les questions économiques et écarter impitoyablement les questions personnelles, qui font trop souvent qu'une proposition est adoptée ou repoussée, non pas suivant sa valeur, mais suivant les opinions de celui qui la présente. Il faut que les militants délégués dans les Congrès, en rapportant les décisions collectives, stimulent l'ardeur de leurs mandants.

Grenoble dépose l'ordre du jour suivant, qui est adopté à l'unanimité, moins une voix :

Le Congrès, après avoir entendu les explications du Comité fédéral sur la situation morale et financière, approuve sa gestion et les explications des délégués; invite les Bourses du Travail à répondre immédiatement aux circulaires du Comité fédéral et le Comité fédéral à faire aboutir le plus promptement possible les décisions du Congrès.

Le **Comité fédéral** adresse aux Bourses du Travail un appel en faveur de la Bourse d'Amiens, qui se trouve momentanément dans une position critique. Cet appel est accueilli par le Congrès.

Besançon demande que la phrase du rapport fédéral ainsi conçue :

... Tant que les travailleurs de cette région, n'ayant pas *éprouvé* l'impuissance de l'action politique, ne comprendront pas que l'émancipation prolétarienne est entre les mains des syndicats.

soit remplacée par celle-ci :

Tant que les travailleurs de cette région ne comprendront pas que l'émancipation prolétarienne est entre leurs mains.

Rouen devine dans le mot : *éprouvé* et dans les caractères italiques dont il est composé, l'arrière-pensée anarchiste. Or, bien que convaincu que l'action politique doit être écartée des syndicats, il n'admet pas qu'on la condamne.

Le Comité fédéral expose les raisons pour lesquelles la presque unanimité des membres du Comité, c'est-à-dire ceux-là mêmes qui sont partisans de l'action politique, ont approuvé le texte du rapport. Pour y trouver exclusivement le caractère anarchiste, il faut assurément songer à celui qui l'a écrite, car, si l'on en oubliait l'auteur, on s'apercevrait qu'elle aurait pu être écrite par n'importe quel socialiste révolutionnaire.

En effet, dès qu'un partisan de l'action politique se dit révolutionnaire (et c'est ce que disent les militants de toutes les écoles socialistes), il affirme par là qu'il ne croit pas que la transformation sociale puisse s'opérer progressivement, en vertu seulement du libre jeu des moyens parlementaires. Et comme, d'autre part, toutes les écoles déclarent qu'elles n'ont jamais compté sur le parlementarisme pour changer la condition des travailleurs, il en résulte que la phrase du rapport peut être revendiquée par tout socialiste.

Grenoble propose que le Congrès supprime purement et simplement la phrase du rapport, dans la réédition qu'en donnera le compte rendu du Congrès.

Nevers dit que puisqu'on a constaté l'inefficacité de toutes les lois ouvrières et cherché à y suppléer par des moyens révolutionnaires, la phrase du rapport est logique et admissible.

Vu l'heure avancée, la suite de la discussion est renvoyée à demain.

JEUDI 16 SEPTEMBRE

PREMIÈRE SÉANCE

La séance est ouverte à 8 heures trois quarts, sous la présidence de *Montpellier*, assistée de *Narbonne* et du *Mans*.

Sont présentes : *Rennes, Niort, Boulogne-sur-Mer, Saint-Étienne, Tours, Nevers, Alger, Dijon, Limoges, Grenoble, Carcassonne, Clichy, Angers, Toulouse, Nice, Nantes, Le Mans, Paris, Nîmes, Cognac, Narbonne, Rouen, Saint-Chamond, Bourges, Montpellier, Besançon, Perpignan.*

La Commission des mandats donne lecture d'un télégramme ratifiant le mandat donné au camarade Pommier par **Bourges**.

Suite de la discussion du Rapport. — Le Comité fédéral, après réflexions, estime que le Congrès ne peut pas se contenter de la solution anodine proposée hier par **Grenoble** à la demande de **Besançon**. Il faut ou blâmer le Comité pour avoir inséré la phrase incriminée et avouer alors que, contrairement aux allégations publiques faites chaque jour, on croit à la transformation sociale par les moyens parlementaires, ou prononcer le maintien du texte, et, sans condamner ainsi la participation à l'action politique, dire du moins qu'elle n'est envisagée que comme un moyen de supprimer la classe capitaliste.

Alger dit qu'il convient, en effet, de prendre une solution nette. La Bourse d'Alger approuve la phrase du rapport, parce qu'elle est d'avis qu'il faut participer à toutes les entreprises parlementaires précisément pour montrer aux travailleurs combien peu ils ont à attendre des pouvoirs publics. Et comme la phrase incriminée peut, en effet, être écrite par tous les socialistes révolutionnaires, **Alger** en votera le maintien.

Dijon appuie le maintien de la phrase qui a été d'ailleurs si longuement discutée au Comité fédéral.

Paris et **Nîmes** déclarent qu'ils ont mandat de protester contre toute incursion du Comité fédéral dans le domaine politique.

Grenoble est d'avis, en effet, que sa solution était anodine et le Comité fédéral a bien fait d'élargir le débat. On sait que dans le Pas-de-Calais il existe une forte organisation politique et syndicale. Mais comme les municipalités ont créé des Maisons du Peuple au lieu de créer des Bourses du Travail, le Comité fédéral a jugé bon de les blâmer. Or, l'action syndicale seule peut-elle amener la transformation sociale ? Non, et elle ne peut être que le corollaire de l'action politique. D'autre part, a-t-on le droit de blâmer des organisations politiques qui font leur devoir ? Pas davantage.

Grenoble ne demande pas un blâme, mais il est d'avis qu'on supprime au moins la phrase insérée dans le rapport.

Cognac rappelle que du moment où les Bourses acceptent de présenter ou de défendre des projets de loi, il est inadmissible que le Comité fédéral puisse condamner l'action politique.

Après nouvelle lecture du texte proposé par **Besançon**, au lieu du texte inséré, **Alger** estime que les deux sont absolument identiques.

Sont déposés les ordres du jour suivants :

Dijon :

Demande le maintien du vote approuvant le rapport du Comité fédéral, avec l'annexion au procès-verbal de la proposition de Besançon.

Angers :

Regrettant la signification donnée à la phrase incriminée du rapport et la discussion stérile qui s'en est suivie, passe à l'ordre du jour.

Rennes :

Le Congrès, estimant qu'aucune phrase ne doit exprimer la moindre théorie politique, décide la suppression entière du passage, invite le Comité fédéral à ne plus soulever d'incidents à ce sujet dans ses rapports futurs, et passe à l'ordre du jour.

On met aux voix l'ordre du jour de **Rennes**.

Votent **pour** : Rennes, Niort, Boulogne-sur-Mer, Saint-Etienne, Tours, Grenoble, Carcassonne, Angers, Toulouse, Nantes, Le Mans, Nîmes, Cognac, Rouen, Saint-Chamond, Narbonne, Besançon.

Contre : Nevers, Dijon, Clichy, Montpellier.

Abstentions : Limoges, Nice, Paris, Bourges, Alger, Perpignan.

Referendum sur le Siège fédéral. — Le Comité fédéral donne les résultats définitifs de ce referendum. Deux Bourses nouvelles ayant répondu depuis la publication du rapport : **Bourges et Montpellier**, 26 Bourses ont déclaré ne pouvoir assumer la tâche d'organiser le Comité fédéral ; une s'est déclarée en mesure de l'organiser.

Saint-Etienne se trouve toujours dans les mêmes conditions qui lui ont fait déclarer qu'elle pouvait assumer l'organisation du Comité fédéral ; mais devant le vote des 24 Bourses, elle s'est ralliée à l'opinion commune.

Grenoble maintient l'avis qu'elle a toujours formulé, touchant la question du siège fédéral. Elle regrette que les Bourses n'aient pas cru pouvoir assumer l'organisation du

Comité, étant donné qu'il n'y a jamais plus d'une quinzaine de délégués aux séances fédérales.

Fonctionnement du Comité fédéral. — Paris donne lecture du rapport suivant :

Sur la proposition des Bourses du Travail de Lyon, Saint-Étienne, Grenoble et Toulon, le Ve Congrès de la Fédération des Bourses du Travail de France et des Colonies a adopté la résolution suivante :

« La Bourse du Travail de Grenoble demande que le Comité fédéral, immédiatement après le présent Congrès, envoie un questionnaire à toutes les Bourses du Travail pour leur demander s'il leur serait possible de tenir le Comité fédéral et les motifs de leur refus ou de leur acceptation (Congrès de Tours, page 66.) »

Le Comité fédéral donne, dans son rapport moral et financier, le résultat de ce referendum qui se résume ainsi :

Sur 25 Bourses qui ont répondu au questionnaire, 24 se sont prononcées comme ne pouvant assumer la responsabilité de constituer le Comité fédéral.

Seule Saint-Étienne s'est déclarée prête à accepter cette tâche.

Paris n'a pas cru devoir répondre, mais, de même que 8 autres Bourses, elle s'est déclarée pour le siège à Paris, dans les précédents Congrès.

3 pour le transfert du Comité fédéral dans la ville où a eu lieu le Congrès.

3 n'ont pas répondu à la consultation.

Nous n'avons donc rien à ajouter à la consultation et nous n'avons qu'à déclarer que Paris, que vous allez désigner comme siège définitif du Comité fédéral, fera tous ses efforts pour vous donner satisfaction et mériter, dans l'avenir, votre approbation. L'Union des Syndicats du département de la Seine, précédemment dénommée Bourse du Travail de Paris, tout en conservant le principe et le fonctionnement d'une Bourse du Travail, a su conserver à l'intérieur de la Bourse officielle sa complète indépendance, déclare qu'en raison du résultat du referendum, elle croit de son devoir de signaler les observations et les améliorations qu'elle a l'intention de vous proposer pour donner au Comité fédéral tous les moyens qui lui sont indispensables pour mener à bien sa tâche.

Nous devons, tout d'abord, dire que le secrétaire actuel du Comité fédéral des Bourses a rempli ses fonctions avec beaucoup de zèle, que son activité est une des principales causes du progrès de cette institution et de la bonne harmonie qui règne dans les relations des Bourses du Travail.

Malgré cela, nous ne pouvons nous empêcher d'émettre quelques critiques, ou, du moins, quelques remarques importantes sur le fonctionnement du Comité fédéral en général et de son secrétariat en particulier. Nous ne reviendrons que pour mémoire, et pour appuyer notre argumentation en faveur des améliorations que nous proposons, sur l'interpellation faite par la Bourse du Travail de Nantes, au dernier Congrès, au sujet d'une conférence faite dans cette ville. Le conférencier fut accrédité auprès de cette Bourse par le secrétaire du Comité fédéral qui déclara alors que le conférencier ne s'était pas présenté au nom du Comité, mais qu'à l'avenir il n'introduirait plus personne auprès des Bourses.

Dans l'esprit de la Bourse du Travail de Nantes, la recommandation émanait du secrétaire du Comité fédéral, c'était ce qui avait motivé son interpellation; après explication, la Bourse du Travail de Nantes s'est déclarée satisfaite.

L'incident était donc clos, si un fait analogue ne s'était produit à Angoulême.

Le secrétaire de la Fédération des Bourses étant également le secrétaire du Comité d'action de la Verrerie ouvrière, lorsqu'il vient à se passer un fait semblable et que les propagandistes se lancent dans la politique, l'auteur du fait a ainsi un moyen de se soustraire à la responsabilité en invoquant l'une ou l'autre des deux organisations qui prend l'affaire à sa charge. Nous n'aurions pas fait cette critique si nous n'avions vu une porte permettant au fait que nous venons de citer de se reproduire.

En effet, le secrétaire du Comité fédéral pourrait, actuellement, pour un cas similaire, invoquer que l'orateur représente le journal *L'Ouvrier des Deux Mondes*, et que, par conséquent, il est en dehors du Comité.

Nous avons remarqué que, de même, les correspondances du Comité fédéral n'ont jamais été faites uniquement pour cette organisation; quand le Comité d'action de la Verrerie ouvrière existait encore, la même correspondance servait pour l'une et l'autre organisation, il en résulte que la dite correspondance peut être réclamée alternativement, comme étant la propriété de la Fédération ou de la Verrerie.

Aujourd'hui, le Comité d'action n'existant plus, le cas ne s'en reproduit pas moins avec le journal *L'Ouvrier des Deux Mondes*, celui-ci étant la propriété de votre secrétaire. Dans les correspondances adressées aux Bourses du Travail, l'on fait également la cuisine du journal, et les réponses des Bourses du Travail, qui sont des documents appartenant à la Fédération, peuvent être revendiquées comme étant la propriété de *L'Ouvrier des Deux Mondes*.

C'est d'ailleurs de ces documents que l'on extrait la matière servant à la confection du dit journal.

Ces documents devraient, à notre avis, servir à des brochures ou circulaires pour la propagande des Bourses et non être employées à une œuvre privée, si intéressante qu'elle puisse être. La Fédération des Bourses du Travail de France et des Colonies ne possède donc pas dans ses archives de documents émanant exclusivement de son organisation et qui ne sont pas, surtout, employés à son usage.

Nous avons donc voulu faire connaître au Congrès quelles étaient nos appréciations à ce sujet.

Le Comité fédéral étant définitivement fixé à Paris, il importe de savoir d'abord :

1° Si le siège social du Comité fédéral sera au domicile privé du secrétaire ;

2° Si le siège social sera fixé à la Bourse centrale du Travail ;

3° Si l'on devra louer un local pour y établir le siège social.

Sur cette importante question, nous ne voyons pas qu'il soit possible de conserver le siège social où il est actuellement, car tous les documents intéressant le mouvement corporatif, la statistique ouvrière, les Bourses du Travail, les rapports des organisations ouvrières et constituant les archives de la Fédération des Bourses, ne seront pas à la portée des délégués qui voudraient les étudier et produire un travail sur les diverses questions qu'ils contiennent et qui intéressent le monde du travail ; si l'un d'eux avait besoin de consulter ou de compulser un certain nombre de pièces, il serait dans l'obligation de s'installer chez le secrétaire, ce qui ne serait pas toujours possible et qui deviendrait importun en devenant fréquent. Il est également matériellement impossible que les délégués fassent la navette du domicile du secrétaire au leur, étant donné que la plupart sont très éloignés les uns des autres ; de plus, ces dérangements fréquents seraient des pertes de temps considérables et empêcheraient tout travail sérieux.

Les délégués nouveaux surtout ne peuvent pas actuellement se mettre au courant de ce qui s'est fait antérieurement ; ils n'ont plus que le rôle de spectateurs, ne peuvent qu'écouter ce que dit le secrétaire ou quelques anciens délégués et ne prennent ainsi aucune part active aux travaux du Comité fédéral ; ils s'en désintéressent puis démissionnent. L'on procède à la nomination de nouveaux délégués, ce qui n'est pas toujours facile, et le même fait se produit à nouveau. Supposons qu'il surgisse un désaccord entre le Comité et son secrétaire, ce dernier ne rendrait comme archives que ce qu'il lui plairait ; il peut être atteint par la maladie, il peut se produire un décès, les occupations du secrétaire peuvent le mettre dans l'obligation de démissionner. Qu'arrivera-t-il ? C'est que, chaque fois que cela se produira, vous serez obligés de changer le siège social, ce qui entraînera certainement de la perturbation. En cas de maladie, le secrétaire adjoint devra-t-il s'installer chez le secrétaire? Les deux délégués qui remplissent ces fonctions peuvent demeurer très loin l'un de l'autre. Le siège social de la Fédération des Bourses du Travail de France et des Colonies ne peut donc rester au domicile privé du secrétaire.

Le Comité fédéral a-t-il les fonds nécessaires pour s'installer dans un local et y établir son siège social? C'est ce qu'il faut savoir, car on doit certainement conserver des fonds pour que la propagande ne souffre pas ; de toute façon, il serait préférable de trouver une solution qui permette de conserver la totalité de ces fonds pour propager l'extension des Bourses.

Il reste donc à examiner s'il ne serait pas de bonne tactique de fixer le siège social à la Bourse centrale du Travail de Paris. L'Union des Syndicats du département de la Seine croit qu'il serait préférable, au lieu de dépenser une certaine somme pour la location d'un local, d'employer ladite somme à la propagande, de suivre l'exemple de la Confédération du Travail ; cette dernière a bien obtenu un bureau à la Bourse de Paris ; il n'y a pas de bonne raison pour que le Comité fédéral ne l'obtienne également. Il se trouverait ainsi en contact immédiat avec les organisations syndicales et fédérales.

Dans le décret régissant cette Bourse, il est dit que les syndicats, en tant qu'organisation, s'administrent librement, sans aucune ingérence, le Comité fédéral se trouverait donc dans les mêmes conditions que les Fédérations de métiers et locales. Il n'y aurait pour le Comité qu'à refuser d'entamer aucune relation ou négociation avec l'administration préfectorale ; cela est très facile à faire.

L'on pourra nous objecter que l'on ne veut pas accepter la tutelle administrative contre laquelle l'on proteste ; c'est là un argument de peu de valeur, car lorsque l'on lutte pour une cause aussi grande et aussi juste que celle du prolétariat, la susceptibilité sur les moyens à employer n'a pas sa raison d'être, tous les moyens étant bons pour obtenir la réalisation des revendications ouvrières. L'on doit laisser de côté les sentiments d'orgueil et les stupides préjugés et se servir de toutes les occasions lorsqu'il s'agit de grouper les forces ouvrières pour accomplir la Révolution sociale !

CONCLUSIONS

Nous concluons donc en proposant :

1º Que le siège social de la Fédération des Bourses du Travail de France et des Colonies soit fixé à Paris, Bourse centrale du Travail, 3, rue du Château-d'Eau ;

2º Que les correspondances et les documents constituant les

3

archives de la Fédération soient classés et catalogués et en tout
temps à la disposition des délégués représentant les Bourses du
Travail ;

3° Qu'à l'avenir ces correspondances et documents soient
réservés exclusivement à l'usage des Bourses du Travail adhérentes et non à des usages particuliers et étrangers à la Fédération
des Bourses ;

4° Que l'on fasse à l'avenir cesser toute équivoque en stipulant
clairement dans la correspondance, lorsque l'on demande un délégué
propagandiste, le mandat qui sera donné au conférencier :

5° Que la correspondance de la Fédération ne serve plus à la
propagande pour des œuvres particulières et étrangères.

L'UNION DES SYNDICATS DE LA SEINE.

Le **Comité fédéral** réédite et complète les explications
fournies à propos de l'incident d'Angoulême et établit que le
grief relatif à l'insertion dans les lettres fédérales officielles
de questions étrangères aux décisions du Comité n'est qu'un
grief de pure forme, puisqu'il suffit, pour le rendre désormais
impossible, de noter sur une feuille spéciale les questions
diverses jusqu'alors traitées, aussi bien par le secrétaire
fédéral que par les Bourses elles-mêmes, sur la feuille qui
contient les communications administratives. Ce qui, du
rapport de Paris, mérite de retenir l'attention du Congrès, ce
sont les paragraphes concernant l'organisation actuelle du
secrétariat ainsi que le siège fédéral. Le Comité fédéral a
examiné la question relative aux archives, et, étant donné que
ces archives se composent uniquement des lettres et rapports
envoyés par les Bourses, documents qui sont tous examinés
par le Comité, et d'une soixantaine de volumes donnés par le
Ministère du Commerce, il n'a pas jusqu'à présent jugé
nécessaire de leur attribuer un local spécial, constamment
ouvert aux délégués. En tout cas, si le Comité est prêt à louer
un siège social fixe, il combat, du moins, la proposition qui
consisterait à lui faire demander un bureau à la Bourse du
Travail. Le délégué rappelle les explications déjà fournies à
Tours sur le mode d'administration de la Bourse de Paris, et
il les appuie sur des exemples récents. Il établit, en outre,
que rien ne nécessite, ni moralement, ni pécuniairement,
l'entrée de la Fédération à la Bourse. Il supplie donc le

Congrès de repousser la proposition de Paris et de laisser le Comité fédéral juge de son administration intérieure.

Paris affirme qu'à Paris, les syndicats s'organisent librement. Il reconnaît que la rentrée de l'Union des Syndicats à la Bourse a fait partir quelques syndicats, mais elle en a ramené d'autres, et avant un an, cette Union comptera plus de 100 syndicats. Aucun syndicat n'a perdu sa dignité en y rentrant, pas plus que le citoyen PELLOUTIER en fréquentant le Musée social. Ce que nous proposons, ce n'est qu'une tactique.

Il y a, d'autre part, contradiction entre la déclaration par laquelle le **Comité fédéral** dit que l'organisation d'une permanence est financièrement impossible, et celle où il affirme pouvoir louer un local. Enfin, il faut qu'aucune question étrangère aux affaires fédérales ne figure dans la correspondance et que les délégués nouveaux au Comité puissent consulter, quand ils le jugent utile, toutes les archives de la Fédération.

Tours rappelle que le Congrès de Tours a décidé que les Bourses du Travail ne correspondraient pas avec celle de Paris, à cause du règlement draconien qu'elle subit. Il faut regretter que certaines Bourses qui ont voté cette décision, n'aient pas elles-mêmes une attitude plus nette. Peut-être serait-il bon d'établir un programme minimum de principes pour que les Bourses ne se tirent pas les unes sur les autres.

On met aux voix le paragraphe des conclusions de **Paris** demandant que le siège fédéral soit fixé à la Bourse du Travail.

Votent contre : Rennes, Niort, Saint-Étienne, Tours, Nevers, Alger, Dijon, Carcassonne, Clichy, Perpignan, Toulouse, Nice, Narbonne, Rouen, Saint-Chamond, Montpellier, Besançon.

Pour : Grenoble, Paris, Cognac.

Abstentions : Boulogne-sur-Mer, Limoges, Angers, Nantes, Le Mans, Nîmes, Tours.

La proposition de **Paris** rejetée, **Alger** dépose l'ordre du jour suivant :

Que la Fédération des Bourses possède un local à elle, avec une permanence de deux heures par jour.

Cet ordre du jour est adopté à l'unanimité, moins **Grenoble** et **Angers** qui estime qu'il y aurait à faire meilleur emploi du prix que coûtera le siège fédéral.

Les autres conclusions de Paris sont adoptées à l'unanimité.

On décide, sur la proposition de **Nevers** et de **Saint-Etienne**, que les délégués ne pourront désormais prendre la parole plus de deux fois sur chaque question discutée.

Tours fait appel à la solidarité des camarades de Toulouse pour essayer d'écouler quelques exemplaires des brochures des trois Congrès qui ont eu lieu à Tours.

La séance est levée à 11 heures.

DEUXIÈME SÉANCE

La séance est ouverte à 2 heures, sous la présidence d'*Alger*, assistée de *Boulogne-sur-Mer* et *Nantes*.

Toulouse et **Cognac** soumettent à l'adoption du Congrès, qui l'acceptent à l'unanimité, l'adresse suivante qui sera communiquée par télégramme aux ouvriers mécaniciens anglais :

Les Bourses de Cognac et de Toulouse ont l'honneur de soumettre à la ratification du Congrès et demandent que soit inscrite au procès-verbal de la première séance, la proposition suivante :

« Le Congrès de la Fédération des Bourses du Travail de France, séant à Toulouse, envoie, dès l'ouverture de ses travaux, aux mécaniciens de Londres l'expression de sa solidarité pour la revendication de la journée de huit heures, et espère que ce *desideratum* de la classe ouvrière, une fois obtenu par les camarades anglais, sera le point de départ de son obtention pour les ouvriers des deux mondes. »

Présentes : *Rennes, Niort, Boulogne-sur-Mer, Tours, Alger, Dijon, Limoges, Grenoble, Carcassonne, Clichy, Perpignan, Angers, Toulouse, Nantes, Le Mans, Paris, Nîmes, Cognac, Narbonne, Rouen, Saint-Chamond, Montpellier, Bourges, Besançon, Nevers, Nice.*

Les procès-verbaux des deux dernières séances sont adoptés.

Rapport sur le fonctionnement des Bourses du Travail. — Le Comité fédéral signale que onze rapports seulement ont été envoyés au Comité fédéral, et que sur ce nombre quelques-uns ont été envoyés à la dernière heure. Il a donc été impossible d'établir le rapport d'ensemble qui aurait simplifié la tâche du Congrès. En tout cas, il faut poursuivre l'enquête commencée et publier tous les documents qui seront recueillis, car il y aura là, à en juger par les rapports déjà reçus, une mine de documents précieux qui indiqueront la situation exacte des Bourses du Travail.

Saint-Etienne voudrait qu'un service de statistique générale soit établi pour le placement, de façon que chaque Bourse puisse se procurer dans les délais nécessaires les ouvriers demandés; il faudrait de plus que chaque syndiqué qui se présente dans une Bourse en quête de travail, pût y trouver l'assistance immédiate; trop peu de Bourses le peuvent actuellement. N'y aurait-il donc pas un moyen de rendre les Bourses solidaires les unes des autres et de faire, par l'intermédiaire du Comité fédéral, que l'excédant de travailleurs d'une localité pût être réparti immédiatement dans les localités où manqueraient les bras. Cela est nécessaire, étant donné le nombre des travailleurs qui ne sont syndiqués qu'à condition de trouver dans le syndicat des avantages matériels.

Perpignan n'est pas d'avis et croit financièrement impossible que les Bourses puissent venir en aide à tous les ouvriers syndiqués de passage.

Rouen fait connaître que tout syndiqué de passage à Toulouse reçoit, à son arrivée, des bons pour un restaurant; la Bourse s'efforce de lui trouver du travail, et s'il y a l'espoir qu'il en puisse trouver dans un délai de deux ou trois jours, la Bourse lui assure l'existence. Un contrôle est établi pour que la Bourse puisse, dans la mesure possible, se garder des *chineurs*. **Toulouse** a remarqué que les corporations parmi lesquelles il y a le plus de syndiqués de passage sont celles des chapeliers et des typographes.

Narbonne affirme que les trois quarts des typographes de passage sont des syndiqués de circonstance, entrés pour la plupart très récemment dans l'organisation ouvrière, mais n'ayant d'autre but que de vivre de la solidarité. En tout cas, le Comité fédéral pourrait être invité à examiner si, avec une cotisation mensuelle de 20 centimes par chaque syndiqué adhérant à une Bourse, il ne serait pas possible d'assurer à tout syndiqué en chômage le secours de voyage, ou viaticum, déjà créé par la Fédération du Livre.

Alger fait remarquer qu'il n'est pas possible de donner aujourd'hui précisément les renseignements qui, suivant la décision de Tours, devaient être envoyés au Comité fédéral. Le Comité fédéral a déjà déclaré que les rapports reçus contenaient des documents précieux sur le fonctionnement des Bourses. Que celles des Bourses qui n'ont pas répondu complètent le dossier commencé, et le Comité pourra faire une étude développée sur le sujet.

Tours voudrait que le Comité établisse le rapport d'ensemble qu'il s'était proposé de présenter au Congrès. Cela permettrait une étude complète des Bourses en vue du Congrès prochain. Répondant à **Saint-Etienne, Tours** croit qu'il y a un péril à distribuer des secours, car, comme les Bourses ne peuvent en donner à tous ceux qui se présentent, on accuse les Bourses d'avoir des préférences ou de leurrer ceux qu'on a engagés à se syndiquer. Mieux vaut, pour les Bourses, se contenter d'appuyer les syndiqués auprès de leur syndicat et signaler l'état général de misère des travailleurs, comme le fait le *Bulletin* de Tours.

Saint-Etienne se défend de vouloir une organisation qui permette à des ouvriers de se promener d'un bout à l'autre de la France. Il s'agit seulement d'établir une statistique constamment à jour des besoins du travail dans chaque localité, de façon que tout chômeur puisse à bref délai se procurer le moyen de gagner sa vie.

Nantes a invité son délégué à noter les détails de la discussion engagée sur le fonctionnement des Bourses et à les consigner avec soin dans son rapport.

Narbonne est d'avis qu'il ne faut plus que les secours accordés par les Bourses aient le caractère d'une aumône, mais soient la reconnaissance d'un droit. Pour cela, il faut que le Comité fédéral étudie et établisse un système quelconque de cotisations, soit celui de la Fédération du Livre, soit tout autre, qui permette d'assurer aux syndiqués de passage les secours qu'ils doivent recevoir.

Nevers ne croit pas possible de faire autre chose que d'établir, comme le fait la Fédération des métallurgistes, une statistique périodique des conditions du travail. Quant aux secours, ils ne peuvent guère faire l'objet d'une réglementation.

Nice a un service spécial de placement subventionné par la municipalité. Ce service de placement procure du travail à tout ouvrier, syndiqué ou non. De plus, les syndicats fédérés versent une cotisation mensuelle de 1 fr. 25, destinée si le travail fait défaut, à procurer aux chômeurs le gîte et la nourriture et à leur permettre de se rendre dans une autre ville.

Toulouse est d'avis de procurer l'assistance en nature aux syndiqués, mais ce qui est difficile pour la plupart des Bourses, c'est de procurer des secours en espèces et, à plus forte raison, d'allouer des frais de route.

Les ordres du jour suivants sont déposés :

Narbonne et Carcassonne proposent que le Comité fédéral recherche le moyen d'établir un secours de route qui permette aux camarades syndiqués de se rendre de ville en ville pour se procurer du travail.

Nevers propose qu'il soit dressé un état mensuel des fluctuations du travail dans chaque Bourse, et que cet état soit envoyé au Comité fédéral qui, à son tour, le fera connaître à toutes les Bourses.

Tours invite les congressistes à préconiser dans leur Bourse respective l'organisation d'une caisse unique de secours aux syndiqués de passage, sans distinction de corporation ou de nationalité. Cela soulagera nos syndiqués, amènera de nouveaux adhérents aux syndicats et donnera confiance aux syndiqués obligés de quitter leur localité.

Perpignan et Besançon proposent que les Bourses du Travail qui n'ont pas encore envoyé au Comité fédéral leur rapport sur leur fonctionnement, soient invitées à le faire dans le plus bref délai.

Cette proposition est également adoptée.

Les deux premiers des ordres du jour sont adoptés à l'unanimité, moins **Nimes**, qui ne veut pas engager sa Bourse.

Rouen propose, en s'appuyant sur des précédents fâcheux, qu'aussitôt qu'une corporation quelconque se mettra en grève, la Bourse du Travail qui comptera la corporation gréviste comme adhérente ou non à son organisation, avisera immédiatement de cette grève toutes les Bourses du Travail, de manière qu'elles fassent tous leurs efforts pour que les ouvriers du même métier ne se dirigent pas vers la ville intéressée.

Cette proposition est adoptée à l'unanimité.

Le Congrès nomme pour l'étude de la 5ᵉ question une commission composée de Nimes, Saint-Etienne, Rennes, Perpignan, Nice.

Le **Comité fédéral** demande un éclaircissement sur le vote qui a été émis ce matin relativement à la correspondance fédérale. Le secrétaire sera-t-il tenu, par le fait qu'il y aura désormais un siège social, d'expédier la correspondance au siège ?

Perpignan, Saint-Etienne, Tours, déclarent qu'en prenant la décision de ce matin, ils ont entendu dire que les archives fussent déposées au siège fédéral, mais il est évident que le secrétaire doit pouvoir disposer chez lui des pièces nécessaires à son service.

Toulouse n'est pas de cet avis et demande qu'aucune pièce ne puisse sortir du siège social.

Le Congrès adopte l'ordre du jour suivant présenté par Nevers et Nîmes :

Le Congrès, ayant décidé que le Comité fédéral aurait lieu au siège social, décide que les archives y seront établies.

On passe à la discussion du premier paragraphe de la cinquième question.

Bulletin Officiel de la Fédération. — Le Comité fédéral donne lecture du rapport suivant :

COMITÉ FÉDÉRAL

RAPPORT sur le journal de la Fédération des Bourses du Travail de France et des Colonies.

L'attention du Comité fédéral ayant été appelée par plusieurs Bourses sur l'utilité et l'urgence qu'il y aurait à créer un journal qui serait l'organe des Bourses, le Comité fédéral a nommé une commission composée des citoyens Girard, Michel, Stroobant et Zimmer à l'effet d'examiner la question dans tous ses détails.

Cette commission s'est réunie plusieurs fois en présence du citoyen Pelloutier et, d'après les explications qui ont été fournies, il résulte ceci :

L'utilité d'un journal appartenant aux Bourses ne saurait être contestée par personne et l'importance qui en résulterait pour la propagande et l'extension des Bourses saute aux yeux de tout le monde sans qu'il soit besoin d'insister davantage.

Cet avis, qui est l'avis unanime du Comité fédéral, est certainement partagé par l'unanimité des Bourses.

Est-il possible d'avoir un journal, propriété exclusive de la Fédération, et dans quelles conditions peut-il fonctionner?

Tel est le deuxième point que la commission a eu à examiner.

D'après l'examen attentif des comptes, l'établissement d'un journal serait possible à ces conditions :

Le secrétaire fédéral deviendrait secrétaire-rédacteur du journal; ses émoluments seraient portés de 1,200 fr. par an à 2,400 fr., afin que tout son temps appartienne à la Fédération et pour que la rédaction soit faite avec tout le soin et toute la somme d'informations désirable.

Le journal établi dans la forme et dans le caractère de *L'Ouvrier des Deux Mondes* serait envoyé gratuitement à raison de 60 exemplaires par Bourse.

Ce fonctionnement serait possible; l'augmentation de traitement du secrétaire et les frais d'impression, de tirage, d'envois, etc., seraient couverts si chaque Bourse fédérée souscrivait 6 francs par mois en plus de ce qu'elle verse actuellement. Il est bon d'ajouter qu'elle retrouverait facilement ce débours mensuel supplémentaire, puisqu'elle recevrait en échange 60 numéros gratuits qu'elle vendrait 0,10 centimes l'exemplaire.

D'autre part, si cette combinaison ne peut être approuvée, le citoyen Pelloutier nous fait l'offre suivante :

Il cède au Comité fédéral l'exploitation du journal existant : *L'Ouvrier des Deux Mondes.*

Il conserve la propriété du titre mais, par un contrat dont il y aura lieu d'examiner minutieusement toutes les clauses, il s'engage :

1° A ne pas publier une ligne qui n'ait reçu l'approbation du Comité fédéral :

2° A rédiger son journal avec autant de soin — pour les informations comme pour la rédaction — qu'il le fait actuellement;

3° A prévenir un an d'avance le Comité fédéral lorsqu'il voudra reprendre la propriété effective de son journal :

4° A distribuer gratuitement, dans le courant de l'année et à certaines occasions (congrès, rapports, etc.), environ trois mille exemplaires qui seront répartis entre les différentes Bourses.

Par contre, le citoyen Pelloutier demande :

1° Que son allocation soit portée à 1,700 francs, les 500 francs d'augmentation ne grèvant en rien le budget actuel des Bourses, puisque ce seraient 500 francs qui se trouveraient supprimés dans les frais généraux :

2° Le tirage se trouvant être actuellement d'environ 2,800, dès qu'il dépassera 3,000, la Fédération touchera autant de fois 0,15 centimes qu'il y aura d'exemplaires vendus au-dessus de ce nombre;

3° Le citoyen Pelloutier se charge de tous les frais relatifs au journal : impression, tirage, frais d'envoi, etc.; il se charge de l'administration ; son journal sera vendu 0,15 centimes le numéro ; la rédaction sera tout entière visée par le Comité fédéral; les archives du journal appartiennent à la Fédération ;

4° Enfin, le journal devra exclusivement être consacré aux questions économiques.

Telles sont les deux combinaisons possibles pour réaliser ce vœu d'un grand nombre de Bourses : avoir un journal bien à nous.

Le Comité fédéral ne croit pas devoir prendre de décision à ce sujet ; il se borne, après avoir examiné la question dans tous ses détails et avec toute la conscience qu'elle exige, d'en soumettre le résultat au Congrès qui décidera souverainement.

Limoges n'a pas de mandat sur la question, mais le délégué ne peut pas admettre que le journal qui est la propriété d'un citoyen puisse devenir l'organe officiel de la Fédération. Tout autre journal que *L'Ouvrier des Deux Mondes* pourrait plutôt le devenir. En tout cas, c'est à la Fédération à créer son organe.

Nevers a étudié sérieusement la proposition du citoyen PELLOUTIER. Elle l'a repoussée, parce qu'à son avis, il faut combattre la création d'un journal fédéral qui aurait pour effet de mettre obstacle à celle du journal quotidien décidé par le Congrès de Tours.

Le Mans est du même avis et pense que tous les Bulletins de Bourses eux-mêmes doivent disparaître devant le futur journal quotidien.

Toulouse juge inutile un Bulletin officiel de la Fédération et demande qu'on continue le système actuellement employé.

Grenoble est toujours partisan d'un organe officiel qui publierait tous les documents intéressant les Bourses du Travail. Mais ce qu'il ne peut admettre, c'est qu'on accepte comme Bulletin officiel un journal qui, même avec une limite de temps, puisse redevenir la propriété des fondateurs. Il faut que le Congrès recherche le moyen d'éditer un journal qui soit entièrement sa propriété.

Boulogne-sur-Mer aurait voulu, avant qu'on discutât la question de l'organe officiel, savoir quels sont les rapports qui seront décidés entre la Fédération des Bourses et la Confédération du Travail.

Tours pense qu'il n'y a pas à rechercher pour quel motif Pelloutier propose son journal. Elle fera tout le possible pour développer *L'Ouvrier des Deux Mondes*, mais elle ne l'accepte pas comme Bulletin de la Fédération des Bourses et veut attendre, pour que la Fédération examine ce qu'il y a à faire, les décisions du Congrès corporatif.

Paris envisage l'éventualité d'un dissentiment entre la Fédération et *L'Ouvrier des Deux Mondes* et ne peut admettre qu'en ce cas, et après que le journal se sera solidement établi grâce au concours du Comité fédéral, il puisse lui être retiré.

Besançon accepte la proposition faite par *L'Ouvrier des Deux Mondes*. Le délégué conteste à la fois que cette revue puisse nuire à la fondation du journal quotidien et que la fondation d'un quotidien puisse rendre la revue inutile.

Alger dit qu'il faut un organe officiel qui soit le trait d'union entre les Bourses. A Lyon nous avons examiné la question, et il a été impossible de réaliser l'organe décidé. Aujourd'hui on nous offre un journal qui existe. Il faut l'accepter, parce qu'il ne nécessitera aucune dépense nouvelle et avec cette réserve qu'il soit la propriété absolue de la Fédération.

Nantes, ne connaissant pas qu'elle était la proposition faite par *L'Ouvrier des Deux Mondes,* n'a pu la discuter; mais elle se réfère à la proposition qu'elle va soumettre au Congrès corporatif et qui a pour but la création d'un Bulletin unique de toutes les organisations ouvrières de France. La Fédération aurait donc, par ce fait, son Bulletin officiel. Quant à la proposition de créer un journal quotidien, **Nantes** n'en voit pas l'utilité.

Angers regrette que la quatrième question ait été ajournée par suite de l'absence du délégué de Cognac, car la Confédération du Travail statuera certainement sur la publication d'un organe corporatif, qui sera naturellement celui des Bourses. A son avis, le Congrès des Bourses ne peut accepter que le journal qui sera créé par la Confédération. Dans ces conditions, *L'Ouvrier des Deux Mondes* comme organe officiel ne peut être admis.

Le citoyen PELLOUTIER n'insiste pas, et tout en trouvant illogique que, comme a déclaré la seconde partie de l'ordre du jour de Rouen, Toulouse et Tours, on promette de faire pour *L'Ouvrier des Deux Mondes* restant propriété absolue de l'éditeur une propagande qu'on croit dangereuse quand l'éditeur n'aurait plus qu'une propriété financière et morale, il retire son offre. Reste la question de savoir si la Fédération doit posséder un organe. Le secrétaire fédéral répond affirmativement et demande au Congrès, en rapportant la décision de Lyon qui lia fâcheusement le Comité fédéral, de laisser celui-ci tenter l'essai d'un organe reconnu par tout le monde nécessaire.

Rouen reconnaît que *L'Ouvrier des Deux Mondes* est intéressant et capable de rendre des services. C'est pour cela qu'il voudrait le voir la propriété absolue de la Fédération, car il faut prévoir toutes les éventualités possibles. S'il y a toujours eu jusqu'ici accord entre les Bourses, le Comité et le Secrétaire, il peut arriver plus tard qu'un dissentiment se produise et alors la Fédération se verrait retirer un organe dont elle aurait fait la fortune. Cela est inadmissible. Que les délégués, que les Bourses propagent *L'Ouvrier des Deux Mondes*, rien de mieux, mais cette revue ne doit pas être déclarée organe fédéral officiel.

Dijon repousse la proposition du Comité fédéral tendant à désigner *L'Ouvrier des Deux Mondes* comme journal officiel de la Fédération des Bourses. Elle propose que le journal soit hebdomadaire et n'ait d'autre titre que celui de *Bulletin officiel de la Fédération des Bourses du Travail*.

Nice soutient la proposition de *L'Ouvrier des Deux Mondes*, parce que ce journal n'a jamais fait d'incursions dans le domaine politique, et parce qu'il ne coûterait rien aux Bourses. **Nice** est favorable à la création d'un journal quotidien, mais elle ne voit pas que ce journal puisse rendre inutile un Bulletin spécial aux Bourses.

Elle soutient et propage *L'Ouvrier des Deux Mondes* et voudrait que toutes les Bourses acceptent l'offre du citoyen Pelloutier.

Le président donne lecture des ordres du jour suivants :

Rouen :

Considérant que la revue mensuelle qui paraît sous le titre *L'Ouvrier des Deux Mondes* ne peut être acceptée comme organe officiel de la Fédération des Bourses du Travail de France pour les motifs que l'éditeur qui le fait paraître actuellement resterait à la fois secrétaire de rédaction et gérant du journal, le Congrès déclare ne pouvoir l'accepter.

Alger :

Propose que *L'Ouvrier des Deux Mondes* devienne propriété de la Fédération des Bourses du Travail, à condition que cet organe ne dépasse pas nos dépenses actuelles.

Sur l'ordre du jour d'**Alger**, le citoyen Pelloutier répond qu'il veut bien abandonner toute propriété sur le journal, mais que cet abandon ne pourrait se faire sans un engagement réciproque, car si les délégués ont raison de craindre qu'un dissentiment vienne à se produire entre le citoyen Pelloutier et la Fédération, celui-ci peut à son tour craindre les conséquences d'un dissentiment entre la Fédération et lui. Il ne peut par conséquent laisser aux hasards de l'avenir le moyen d'existence qu'est pour lui *L'Ouvrier des Deux Mondes*.

On met aux voix la première partie de l'ordre du jour de **Rouen**.

Votent **pour** : Saint-Etienne, Tours, Nevers, Dijon, Paris, Limoges, Grenoble, Angers, Toulouse, Nantes, Le Mans, Cognac, Rouen, Saint-Chamond, Montpellier.

Contre : Rennes, Niort, Boulogne-sur-Mer, Clichy, Perpignan, Nice, Nîmes, Narbonne, Bourges, Besançon.

S'abstiennent : Alger, Carcassonne.

Nîmes a mandat de voter pour l'offre de *L'Ouvrier des Deux Mondes*; il regrette seulement que le camarade Pelloutier n'ait pas stipulé, dans son offre aux Bourses du Travail, qu'il se réservait le droit de propriété de cet organe.

Bourges a également mandat de voter l'offre. Il se réserve de rendre compte à Bourges de la déclaration faite par le citoyen Pelloutier.

Les citoyens Corbière et Rollan, délégués, le premier, de la Bourse de Niort, le second, de la Bourse de Rennes, demandent que le procès-verbal indique qu'ils ont accepté à cause de leur mandat l'offre de *L'Ouvrier des Deux Mondes*, mais qu'en leur nom personnel ils la repoussent.

Le Président lit la seconde partie de l'ordre du jour de **Rouen**. Après les explications du citoyen Pelloutier, **Rouen** retire cette seconde partie.

Mise à la charge du Comité fédéral de la publication des travaux du Congrès. — **Tours** expose les difficultés pécuniaires au milieu desquelles elle s'est débattue par l'obligation d'assumer les frais du compte rendu des Congrès. Elle se trouve en déficit de 600 francs et craint que si les Bourses qui organisent les Congrès devaient toujours supporter les mêmes charges, elles ne voulussent plus les organiser. Il faudrait donc que la Confédération du travail, la Fédération des Bourses prissent à leur compte les brochures du Congrès.

Cognac a mandat de mettre la publication des travaux du Congrès à la charge du Comité fédéral.

Toulouse, interpellé, répond qu'il n'a pas, ce matin, pris l'engagement formel que la Bourse supporterait les frais de la publication des travaux.

Le Comité fédéral demande au moyen de quelles ressources il pourrait couvrir les frais de l'impression, si la proposition de Tours est acceptée ; car si l'on s'en rapporte aux tribulations subies par les camarades de Tours, on est convaincu qu'il ne suffit ni de faire un appel aux Bourses pour trouver le nombre de souscripteurs nécessaires, ni d'avoir recueilli des souscriptions pour être sûr d'en recevoir le produit. Avant donc de voter la proposition de Tours, le Congrès doit prévoir le moyen de combler tout déficit éventuel.

Nantes n'ayant pas éprouvé que le compte rendu des travaux des Congrès soient une charge pour l'organisation qui les publie, fait ses réserves sur la proposition de Tours, à moins qu'on trouve une combinaison financière qui permette au Comité fédéral de faire le compte rendu à bon marché.

Boulogne-sur-Mer propose que chaque Bourse s'engage à prendre autant d'exemplaires qu'elle compte de syndicats payants. A ce compte il y aurait 627 souscriptions.

Saint-Etienne propose l'ordre du jour suivant qui est adopté à l'unanimité, moins Angers, qui déclare réserver l'opinion de sa Bourse.

Le Congrès décide de mettre à la charge du Comité fédéral la la publication du compte-rendu du Congrès des Bourses. Le Comité fédéral prendra toutes les mesures qui lui paraîtront nécessaires pour cette publication.

On adopte ensuite l'invitation adressée par **Boulogne-sur-Mer** à chaque Bourse.

Est également adopté un ordre du jour de **Paris**, ainsi conçu :

L'Union des Syndicats de la Seine propose que le Comité fédéral mette à son ordre du jour la publication d'un organe officiel de la Fédération et qu'il fasse cette publication aussitôt qu'il en aura trouvé le moyen.

Le Congrès décide qu'il se réunira demain à 9 heures pour

entendre le rapport de la commission chargée de l'étude de l'article 5.

La séance est levée à 7 heures.

VENDREDI 17 SEPTEMBRE 1897

PREMIÈRE SÉANCE

La séance est ouverte à 10 heures, sous la présidence de *Rouen*, assistée de *Paris* et *Perpignan*.

Sont présentes : *Rennes, Niort, Boulogne-sur-Mer, Saint-Etienne, Tours, Nevers, Alger, Dijon, Limoges, Grenoble, Carcassonne, Clichy, Perpignan, Angers, Toulouse, Nice, Nantes, Le Mans, Paris, Nîmes, Cognac, Narbonne, Rouen, Saint-Chamond, Bourges, Montpellier, Besançon, Versailles, Châlon-sur-Saône, Cholet.*

Le Congrès valide les mandats de Versailles et de Châlons-sur-Saône.

Le procès-verbal de la précédente séance est approuvé.

Rapports de la Fédération des Bourses avec la Confédération générale du travail. — Alger est d'avis que la seule organisation qui ait une raison d'être, c'est la Fédération des Bourses, parce qu'elle a accompli des travaux et parce que tout le groupement ouvrier est synthétisé par les Bourses. Il faut d'abord se demander pourquoi tant d'organisations centrales antérieures à celle des Bourses ont disparu, tandis que cette dernière s'est maintenue et développée. C'est évidemment parce qu'elle a un rôle nécessaire. D'autre part, on ne comprend pas pourquoi, alors qu'il existe déjà cette Fédération des Bourses, puis des Fédérations de métiers, on créerait encore une Confédération du travail. C'est compliquer inutilement les rouages corporatifs et grever les syndicats déjà trop surchargés. Par les relations directes, immédiates, qui existent entre les syndicats fédérés, les Bourses et la Fédération, ce dernier organisme s'indique comme étant le meilleur. Enfin, avec une organisation unique, on n'aurait pas à constater les regrettables divergences de vues qui se sont maintes fois produites, en raison de la multiplicité des groupements, sur des projets intéressant le travail. Simplifions donc l'organisation ouvrière, tenons compte de ce que les Bourses sont la forme de groupement la mieux adaptée aux conditions économiques, et étendons, au lieu de la restreindre, la Fédération qu'elles ont formée.

Cognac rappelle que l'intention du Congrès d'où est sortie la Confédération a été de grouper dans une même organisation tous les syndicats ouvriers. **Alger** a raison de se féliciter du développement pris par les Bourses du Travail, mais il existe encore un nombre considérable de syndicats qui, n'étant pas constitués en Bourse, seraient, si l'on acceptait la proposition d'**Alger**, tenus à l'écart du mouvement ouvrier. Il est donc nessaire de créer un organisme qui leur permette de faire entendre leur voix. La seule réserve à faire, c'est que cette Confédération n'ait pas de secrétaire permanent.

Angers donne lecture du rapport suivant :

A propos des observations faites à une séance précédente par Grenoble, le délégué du Comité fédéral a semblé reconnaître qu'il y avait quelque bien fondé dans ces réclamations.

Je suis chargé par la Bourse du Travail d'Angers de demander la transformation de la Fédération des Bourses par sa fusion avec la Confédération du Travail, et mon mandat vous en expose les motifs. Malgré cette demande de fusion, je prie les congressistes de chercher un moyen permettant de conserver l'autonomie des Bourses dans la Confédération. Ceci dit, j'ajoute qu'il est inadmissible qu'il existe deux organisations distinctes émanant en fait de la même source ; cela est de nature à provoquer des rivalités. La Confédération seule doit subsister et se charger du travail imposé au Comité des Bourses, car les résultats produits par ce dernier ne sont pas à la hauteur des sacrifices faits jusqu'à présent.

Ce qui nous engage d'abord à vous faire cette proposition, ce sont les raisons suivantes : 1° les Bourses, quoique riches de bonne volonté, sont pauvres et ont peine à payer les cotisations fédérales : l'incident de Limoges prouve mon affirmation. Vous savez que les besoins des Bourses sont grands. De plus, je trouve logique et affirme qu'une seule organisation simplifierait le travail et permettrait aux Bourses, en leur laissant le peu d'argent dont elles disposent, de secourir les grèves et de faire une propagande plus active, choses qui leur sont impossibles sans subsides. Je déclare ne pas voir l'utilité d'un intermédiaire entre les Bourses et la Confédération du Travail, ce qui est le cas de la Fédération des Bourses. Je termine en engageant les délégués à bien vouloir prendre cette demande en considération. Les Bourses du Travail y auraient profit, car le grand nombre des syndicats qui formeraient la Confédération serait d'un plus grand poids pour venir en aide aux Bourses dans des moments difficiles.

Nantes estime que les rapports de la Fédération des Bourses avec la Confédération du Travail seront tout naturels, si, en appliquant les principes du Congrès de Limoges, la Confédération est la réunion des Fédérations de métiers et parties similaires, des Syndicats nationaux et de la Fédération des Bourses. Les Bourses du Travail sont, par cette combinaison, adhérentes à la Confédération et y sont représentées activement par leurs délégués au Comité fédéral. Du reste, le V⁰ Congrès des Bourses du Travail avait parfaitement défini cette constitution par l'adoption de l'ordre du jour que rappelle le rapport du Comité fédéral. Il faut donc maintenir cet ordre du jour, qui définit exactement la Confédération et l'empêchera de tomber dans un parlementarisme impuissant.

Paris dépose également le rapport qui suit :

RAPPORT SUR LA 4ᵉ QUESTION

Présenté au Congrès des Bourses par l'Union des Syndicats du département de la Seine.

Le Congrès de la Fédération des Bourses du Travail de France et des Colonies, ayant mis à son ordre du jour l'étude des rapports qui doivent exister entre le Comité fédéral et la Confédération, l'Union des Syndicats du département de la Seine, ayant élaboré un rapport sur le même sujet à présenter au Congrès corporatif ouvrier, comme modifications à l'organisme de la Confédération, vous soumet une copie de ce rapport.

Pour certains, nos critiques paraîtront inopportunes ; l'on pourra nous accuser de ne pas ménager une œuvre telle que la Confédération, mais nous croyons que si de syndicat à syndicat les organisations ouvrières doivent user de ménagements les unes envers les autres, si, en temps ordinaire l'on doit atténuer les erreurs et les défauts existant dans nos groupements corporatifs, il n'en est pas de même dans les Congrès, où l'on doit sans crainte dire ce que l'on pense, signaler les lacunes et les imperfections, afin de produire, si cela est possible, une étude plus complète.

Si l'on veut trouver une solution pratique, il faut d'abord, en présence des faits, chercher quelles en sont les causes.

Or, nous avons constaté que la Confédération du Travail et la Fédération des Bourses du Travail étaient loin de vivre, comme nous étions en droit de l'espérer, dans de bonnes conditions de confraternité. Pour se convaincre de la rivalité existant entre ces deux organisations, on n'a qu'à consulter :

1° Le rapport du Congrès des Bourses du Travail ;

2° Le rapport du Congrès national corporatif ouvrier, tous deux tenus à Tours en 1896.

Dans le rapport des Bourses du Travail, nous remarquons (page 98) la délibération suivante :

« Devant le peu de vitalité dont a fait preuve la Confédération du Travail, la Fédération des Bourses *refuse tout concours* pécuniaire à cette organisation, ainsi qu'à toute autre organisation centrale. »

Puis, à la même page, sur la proposition des Bourses du Travail de Rouen, Versailles et Amiens, cette résolution :

« Le Congrès des Bourses du Travail accepte la Constitution d'une Confédération exclusivement composée des Comités fédéraux des Bourses et des Unions syndicales de métiers. Cette Confédération n'ayant pour objet que d'arrêter sur des faits d'intérêt général intéressant le mouvement ouvrier, une tactique commune, et la réalisation de cette tactique, restant aux soins et à la charge des Fédérations qu'elle concerne. »

Cette dernière délibération a été de nouveau soumise à la sanction du Congrès des Bourses du Travail et figure dans le rapport moral et financier pour l'exercice 1896-97, présenté par le Comité fédéral. D'autre part, nous voyons dans le rapport présenté par le Conseil national de la Confédération du Travail, rapport contenu dans le compte rendu du Congrès corporatif ouvrier de Tours, un extrait du procès-verbal des séances dudit Conseil national et rédigé en ces termes (page 30) :

« Keüfer de son côté disait : « Il y a une certaine indifférence « qui semblerait venir d'une *lutte engagée sourdement* par une « *association similaire* qui craint d'être *annihilée*. Il y a lieu par « conséquent de *prendre*, dès aujourd'hui, les *mesures* nécessaires. »

Et plus loin, dans le rapport du Trésorier de la Confédération (page 49) :

« C'est en vue de faire cesser cet état de choses que le Conseil national de Nantes avait reçu pour mission de centraliser les forces ouvrières *planant au-dessus des Bourses du Travail*, mais la multiplicité des organisations, la *rivalité ouverte ou latente*, la négligence des organisations adhérentes au Conseil national à verser leurs cotisations, annihilèrent cette nouvelle institution et les premières dépenses ne purent même pas être couvertes. »

Plus loin (page 50) :

« Les difficultés qui marquèrent les débuts de la Confédération, difficultés *provenant* des conditions établies par *l'admission des délégués des Bourses du Travail* au Conseil national, ralentirent les adhésions et aussi les versements ; des délégués ne parurent plus aux réunions du Conseil national et lesdites corporations négligèrent de se mettre d'accord avec la caisse de la Confédération, ne daignant même pas faire connaître le motif de leurs abstentions aux réunions. Nous y reviendrons tout à l'heure. »

Voilà exactement quelle était la situation au 19 septembre 1896, et nous constatons que, malgré les modifications importantes apportées aux statuts de la Confédération générale du Travail par le Congrès corporatif de Tours, la situation est absolument la même.

Si, d'un autre côté, l'on examine les travaux exécutés par ces deux organisations rivales, l'on doit reconnaître que la Fédération des Bourses du Travail, suivant l'article premier de ses statuts, a rempli à peu de chose près le but pour lequel elle a été créée. Il n'en est pas de même de la Confédération générale du Travail.

La première année 1895-1896 fut toute pleine de tâtonnements ; elle institua un comité provisoire d'action syndicale et corporative qui rédigea un manifeste (voir Congrès corporatif de Tours, page 28), plus une délégation près des pouvoirs publics ; ce comité fut dissous le 5 janvier 1896, avec un déficit de 253 fr. 50, déficit compréhensible puisque les organisations adhérentes négligèrent de verser leurs cotisations. C'était donc là la véritable cause de l'inertie à laquelle la Confédération fut condamnée.

Le 4 décembre 1895, le Conseil national nomma son bureau ; il était donc définitivement constitué et le 28 janvier il lance un appel, le 1er mai un manifeste, le 9 juin il commença les démarches pour le Congrès de Tours.

Voilà pour le bilan d'une année, et nous reconnaissons que la Confédération n'a pas pu faire mieux, les fonds lui ayant manqué une bonne partie de l'année.

Mais pendant l'exercice 1896-1897 il n'en est pas de même, car le Conseil national possède au début une somme de 371 fr. 90. Qu'a-t-il fait ? Examinons l'article 14 des statuts de la Confédération du Travail, qui est en réalité le programme à exécuter. Nos constatations peuvent se résumer ainsi :

Propagande. — 1° La Confédération a fait imprimer et expédier les circulaires pour l'organisation du Congrès ; 2° la propagande syndicale, fédérale, industrielle et agricole est nulle ; 3° il en est de même pour l'unification de l'action corporative. Nous pouvons ajouter que la situation entre la Fédération des Bourses et la Confédération est plus tendue que jamais.

Arbitrage. — 1° Contentieux, néant; 2° service d'arbitrage en cas de conflits entre Syndicats et Fédérations : ici, le Conseil national a laissé échapper l'occasion d'offrir ses services car les différents ont été nombreux, pour ne citer que les plus connus, tels que ceux qui ont existé entre le Comité fédéral des Bourses avec les Bourses du Travail d'Angoulême, Lyon, Marseille, Limoges, Saint-Nazaire, puis Saumur et Le Mans; 3° conflits entre patrons et ouvriers.

Législation. — 1° Extension et généralisation des Conseils de Prud'hommes; 2° lutte contre la concurrence du travail dans les prisons et couvents; 3° lutte pour l'abolition et la répression du marchandage; 4° lutte pour l'obtention d'une législation sur le travail, comportant avec un minimum, la journée de huit heures, un maximum de salaires; 5° le repos hebdomadaire : aucune enquête n'a été faite et nous n'avons eu aucun rapport à ce sujet (au total, néant).

Grèves. — Grèves partielles : nous n'avons eu connaissance d'aucune intervention du Conseil national dans les grèves partielles; pourtant il aurait pu, à notre avis, apporter son appui moral à la grève des mécaniciens d'Angleterre; 2° en ce qui concerne la Caisse de secours, aucune étude n'a été faite à ce sujet; 3° pour la grève générale, le Comité de propagande étant séparé de la Confédération du Travail, nous ne croyons pas qu'il eût donné de résultats, les fonds lui ayant fait défaut.

Au Congrès de Tours, le délégué de l'Union des Syndicats du département de la Seine, s'en référant aux termes des statuts (page 178), a fait la proposition suivante :

« Le Congrès décide que les fonds envoyés aux grévistes seront versés à la Confédération qui, après avoir prélevé 5 %, les fera parvenir intégralement à ceux à qui ils sont destinés. »

Cette proposition fut adoptée à l'unanimité moins deux voix; pourtant cette décision ne fut pas exécutée parce qu'elle n'était pas pratique, car pour la grève du Bâtiment de Lyon, par exemple, la Bourse du Travail de Lyon aurait dû envoyer les fonds qu'elle recevait pour les grévistes à la Confédération, qui, après avoir prélevé 5 %, les aurait réexpédiés à la Bourse du Travail de Lyon.

Il aurait été plus facile de charger les Bourses du Travail ou les organisations locales où il se produit des grèves de faire ce prélèvement de 5 %, qu'elles transmettraient ensuite à la Confédération.

L'on doit dire aussi que les Syndicats, pour éviter les retards et surtout pour être renseignés sur la marche des grèves entreprises par leurs frères de labeur, envoient souvent les fonds directement. Il faut à ce sujet trouver un rouage plus simple et plus pratique pour la perception de ces 5 %.

Statistique. — Certes, nous n'avons pas la prétention d'exiger de la statistique établie, nous savons trop bien que ce travail est très long, très difficultueux ; mais s'en est-on occupé, car la statistique a une grande importance, c'est le meilleur moyen de connaître nos forces et c'est elle également qui, par ses chiffres, peut venir appuyer et rendre irréfutables nos arguments pour combattre la bourgeoisie capitaliste.

Organisation et fonctionnement du journal. — L'on s'est borné, nous croyons, à continuer l'étude de cette question.

Nous n'aurions garde d'oublier le fait le plus important qui consiste dans l'organisation d'une réunion publique pour la propagande en faveur du journal.

L'administration préfectorale ayant refusé la grande salle de la Bourse du Travail, l'on organisa cette réunion à la salle du Commerce avec le concours des citoyens Jaurès, Vaillant, Sembat, Guesde, Clovis Hugues, députés, Allemane, etc., etc., ce qui donnait à cette réunion un caractère absolument politique.

Le journal que l'on avait le projet de créer, laissant dans ses colonnes la plus grande place à la politique, nous reconnaissons malgré tout que l'organisation de cette réunion est le fait le plus important de toute l'année et nous regrettons qu'il se trouve en contradiction avec le deuxième paragraphe de l'article premier des statuts de la Confédération qui est ainsi conçu :

« Les éléments constituant la Confédération générale du Travail se tiendront en dehors de toute école politique. »

En examinant avec soin le compte rendu du Congrès corporatif de Tours, l'on constate que ledit Congrès a voulu, en adoptant cette résolution, non-seulement empêcher la Confédération de faire de la politique avec telle ou telle école, mais encore de s'opposer à ce qu'elle en fasse avec toutes les écoles et partis politiques.

Le Conseil national a été certainement agréable aux politiciens auxquels il a permis de placer des discours, mais en réalité il n'a été d'aucune utilité pour l'ensemble des éléments constituant la Confédération.

Donc, en analysant le travail du Conseil national, année 1896-1897, l'on constate qu'il laisse beaucoup à désirer et reste aussi inefficace que celui de l'année précédente ; pourtant les fonds ne lui ont pas manqué.

Certes, il y a dans la constitution de la Confédération des lacunes à combler, des défectuosités que le Congrès corporatif ouvrier de Toulouse est appelé à faire disparaître, afin de rendre les statuts plus clairs et plus précis.

Nous croyons que le programme de la Confédération est trop étendu, trop complexe, et si nous comprenons la nécessité de réunir en un seul faisceau toutes les forces économiques et corporatives, du moins devrions-nous éviter de surcharger la Confédération en lui attribuant les travaux qui incombent à toutes les organisations ouvrières en général, rendant ainsi son fonctionnement impossible.

Il appartient donc au Congrès corporatif de Toulouse :

1° De faire cesser les discussions pouvant exister entre les organisations ouvrières rivales et d'exiger l'union la plus parfaite en invitant les Organisations fédérales et les Bourses du Travail à changer leurs délégués si quelquefois ils portaient entrave au règne de la bonne harmonie qui doit unir le prolétariat tout entier ;

2° De simplifier les rouages du système de concentration des forces ouvrières ;

3° De reviser les statuts de la Confédération en délimitant la nature de ses travaux et en réglementant les rapports des Organisations centrales existantes.

En un mot, de faire de la Confédération générale du Travail une arme facile à manier pour combattre l'oligarchie capitaliste et bourgeoise jusqu'au triomphe du prolétariat.

CONCLUSIONS

La Confédération générale du Travail pourrait être organisée sur les bases suivantes :

ARTICLE 14 DES STATUTS

La Confédération générale du Travail est composée :

1° Des éléments constitutifs du Comité national corporatif ;
2° Du Comité fédéral des Bourses du Travail.

Le Comité national corporatif est composé :

1° Des Fédérations nationales de diverses professions et de métiers ;
2° Des Unions et Fédérations nationales de métiers ;
3° Des Fédérations d'industrie unissant diverses branches de métiers ;
4° Des Syndicats nationaux.

Le Comité fédéral des Bourses du Travail est composé :

1° Des Bourses du Travail ;
2° Des Fédérations régionales et locales de diverses professions et de métiers.

Attributions

Le Comité national corporatif a pour but :

D'établir un service d'arbitrage entre patrons et ouvriers ; de la propagande syndicale, fédérale, industrielle, agricole ; d'établir des rapports sur les questions intéressant le travail ; l'institution et l'extension des Conseils des Prud'hommes ; le travail dans les prisons, couvents, ouvroirs, casernes ; l'abolition et la répression du marchandage ; la législation du travail ; minimum de salaire ; journée de huit heures ; repos hebdomadaire ; les grèves. Il est chargé, à cet effet, de centraliser les fonds provenant du prélèvement de 5 % que les organisations qui lui sont adhérentes devront effectuer sur les sommes qu'elles recevront à destination des grèves partielles. Il en fera le versement entre les mains du trésorier de la Confédération et réunira les documents nécessaires pour établir la statistique.

Le Comité fédéral des Bourses a pour but :

D'étendre et de propager l'action des Bourses ; d'aider à la transformation des Unions locales et régionales en Bourses du Travail ; d'étendre cette propagande dans tous les centres commerciaux, industriels et agricoles ; d'unifier et faire aboutir les revendications des Syndicats ; de généraliser le placement gratuit des travailleurs des deux sexes et de tous les corps de métiers ; d'apporter son appui dans les grèves à cet effet. Il est chargé également de centraliser les fonds provenant du prélèvement de 5 % que les Organisations qui lui sont adhérentes devront effectuer sur les sommes qu'elles recevront à destination des grèves partielles. Il en fera le versement entre les mains du trésorier de la Confédération et réunira les documents nécessaires pour constituer les éléments de statistique.

Confédération

La Confédération générale du Travail est composée :

Des délégués représentant les éléments constitutifs du Comité national corporatif ;

Des délégués représentant les éléments constitutifs du Comité fédéral des Bourses.

Elle a pour but :

1° L'unification de l'action corporative et d'arrêter sur des faits d'intérêt général une tactique commune ;

2° Organisation du Secrétariat du Travail, correspondances, trésorerie, archives, comptabilité, ainsi qu'un service d'arbitrage pour trancher les différends ou conflits qui pourraient survenir entre Syndicats, Fédérations ou Bourses du Travail ;

3° De propager le principe de la grève générale et de centraliser les fonds provenant du prélèvement de 5 %, sur les sommes destinées aux grèves partielles, sommes qui seront perçues par les Organisations centrales adhérentes ;

4° De l'organisation des Congrès corporatifs annuels et de l'exécution des décisions prises à ces Congrès ;

5° De l'organisation, la confection et la publication d'un journal ;

6° De centraliser les éléments et documents, statistique sur le travail, compulser, classer et coordonner ces documents, établir la statistique du travail, rechercher les éléments statistiques des nations étrangères, établir les comparaisons et en communiquer les résultats aux organisations adhérentes.

Considérations générales

Dans la nomenclature des attributions de chacune des Organisations centrales devant constituer la Confédération du Travail. il est bien entendu que notre intention n'a pas été de limiter l'action du Comité fédéral des Bourses, pas plus que du Comité national corporatif ; nous n'avons donc fait qu'indiquer des lignes générales. Les deux Comités ont les mêmes facultés et conservent la même autonomie pour leur développement ainsi que pour l'étude des questions économiques.

Ainsi, par exemple, le chômage, les grèves, etc., peuvent, par des rapports de statistiques, donner des résultats différents et non contradictoires. Si le rapport est établi par une Fédération de métiers, les données porteront sur l'ensemble des ouvriers de cette corporation et intéresseront plus particulièrement le taux des salaires.

Celui établi par une Bourse du Travail intéressera les travailleurs de la région où le chômage aura lieu et influera plus particulièrement sur le prix des denrées.

Par conséquent, toutes les questions intéressant le monde du travail leur incombent également.

Les Organisations devront établir des rapports sur les questions à l'ordre du jour de la Confédération du Travail, les Comités les centraliseront, et la Confédération du Travail rédigera sur ces documents les rapports généraux et les statistiques et déterminera la tactique à employer pour faire aboutir les revendications sociales.

Nous avons pensé que le Comité de la grève générale n'avait plus sa raison d'être.

La propagande à ce sujet peut être faite par toutes les Organisations confédérées, mais pour le cas où parmi elles ils s'en trouverait qui soient opposées au principe de la grève générale, les fonds attribués à cette propagande feront l'objet d'un chapitre spécial et distinct aux livres du trésorier.

La Confédération devra publier, au moins deux mois avant l'ouverture du Congrès national corporatif, un compte rendu moral et financier.

Elle pourra se subdiviser en autant de commissions d'étude qu'elle jugera nécessaire ; autant que possible les membres de ces Commissions devront appartenir, à parties égales, aux deux Organisations centrales.

Un point de ce projet reste à établir, c'est l'adoption des Unions régionales ou locales au sein de la Fédération des Bourses du Travail. Nous croyons que cette question sera facilement résolue. La Fédération des Bourses ne pourra qu'en acquérir plus de force.

D'ailleurs, les Fédérations locales de syndicats ne sont en réalité que des Bourses du Travail qui n'ont pas cru devoir, pour une raison quelconque, prendre cette dénomination ; un fait qui le démontre, c'est qu'il existe actuellement une Bourse du Travail qui n'est composée que d'un seul syndicat.

Cette fusion est donc nécessaire si nous voulons voir aboutir notre projet et voir s'accomplir la concentration totale des forces ouvrières.

Certainement, nous n'avons pas la prétention de croire que notre projet est parfait, mais nous avons la conviction qu'il apporte par ses modifications au système actuel de sérieux avantages.

Il a également le mérite de ne pas toucher à la base sur laquelle est établie le groupement corporatif, qui est la forme fédérale, forme qui a permis de grouper et de mettre en relations toutes les corporations, toutes les villes et contrées industrielles.

Notre conviction est que l'adoption d'un projet qui porterait atteinte au principe fédéraliste serait la plus sérieuse entrave au groupement de la classe ouvrière et le plus important obstacle à l'affranchissement des travailleurs.

Vive l'Emancipation prolétarienne !

Vive la Révolution sociale !

Nevers désire que la Fédération des Bourses entre dans la Confédération proportionnellement à son importance numérique. Aucun des deux organismes ne doit disparaître devant l'autre ; ils doivent, au contraire, se compléter, la Confédération ayant un rôle différent de celui de la Fédération des Bourses. Cherchons donc le moyen d'opérer le rapprochement nécessaire sans léser aucun intérêt.

Le **Comité fédéral** se déclare partisan d'une Confédération, c'est-à-dire d'un organisme chargé de remplir la tâche que ne peut accomplir la Fédération des Bourses. Celle-ci a dans ses attributions l'organisation ouvrière et la statistique du Travail; il faut une autre Organisation qui soit chargée de concerter la lutte contre le patronat et faire de la propagande révolutionnaire. Mais il faut aussi que cet organisme n'ait pas un programme trop chargé, n'exige pas un nombre ridiculement considérable de membres et qu'il n'ajoute pas une nouvelle charge pécuniaire aux charges déjà trop lourdes qu'ont à subir les syndicats. Or, à cet égard, les deux propositions faites par la Confédération sont incompréhensibles ou, pour mieux dire, incohérentes. Il n'y a donc pas lieu de s'y arrêter. De même, on ne peut, comme le demande **Nantes**, transporter intégralement la Fédération des Bourses dans la Confédération, car ce serait établir deux fois la même Fédération des Bourses. Enfin, il ne faut pas que, comme le demande **Alger,** en ne laissant subsister que la Fédération des Bourses, on soit obligé d'ajouter à sa tâche actuelle celle de la Confédération, car ce serait la condamner à l'impuissance par excès de besogne. Le seul organisme qui ne puisse pas devenir un Parlement, qui n'exige pas un budget spécial et qui compléterait la Fédération des Bourses, ce serait une association temporaire des Comités des Fédérations de métiers et du Comité des Bourses, cette association apportant son appui collectif, c'est-à-dire celui de tous les Travailleurs syndiqués, à celle des Fédérations centrales intéressée, mais le budget particulier de cette Fédération assurant l'exécution des décisions arrêtées en commun.

Tours est également d'avis que la Confédération doit être l'association de toutes les Fédérations, comme le propose le Comité fédéral. Mais si les Comités fédéraux tout entiers constituaient cette Confédération on tomberait dans le même écueil déjà signalé par le Comité fédéral pour le projet qui va être soumis au Congrès corporatif. Il faut encore simplifier et ne constituer la Confédération que de délégués des Comités fédéraux. De plus, il lui faut un budget, si minime qu'il soit, et **Tours** propose que les Bourses du Travail s'imposent dans ce but d'une cotisation maximum de un franc par mois, qui serait perçue par le Comité fédéral des Bourses et versée à la Confédération.

La suite de la discussion est renvoyée à la prochaine séance.

DEUXIÈME SÉANCE

La séance est ouverte à 2 heures, sous la présidence de *Besançon*, assistée de *Carcassonne* et *Versailles*.

Présentes : *Rennes, Niort, Boulogne-sur-Mer, Saint-Etienne, Nevers, Alger, Limoges, Grenoble, Carcassonne, Clichy, Perpignan, Angers, Toulouse, Nice, Le Mans, Paris, Nîmes, Narbonne, Rouen, Saint-Chamond, Montpellier, Besançon, Versailles, Chalon-sur-Saône, Tours, Dijon, Bourges, Cholet.*

Le procès-verbal de la précédente séance est adopté.

Suite de la discussion sur les rapports de la Fédération des Bourses avec la Confédération. — Cognac tient à s'expliquer sur une confusion qui s'est produite ce matin dans l'esprit d'**Alger** à propos de la déclaration faite au nom de **Toulouse** concernant la Confédération. Il donne, dans ce but, lecture du document qui suit :

J'ai tout d'abord à donner une explication au camarade Soulery sur la confusion qui s'est établie dans son esprit, prétendant que, combattant ses arguments, j'arrivais à ses mêmes conclusions. Dans les courtes observations que j'ai présentées, répondant à Alger, j'avais compris que la Bourse d'Alger, en refusant la Confédération, demandait en même temps la disparition du grand Congrès corporatif. J'estimai donc, que toutes les Organisations constituées, quelles qu'en soient leurs dénominations (et en cela bien entendu les organisations ouvrières) doivent, dans un Congrès unique, puiser les enseignements qui nécessairement doivent découler des diverses opinions émises dans ce Congrès, sur la marche à suivre pour arriver à l'émancipation prolétarienne, et de ces discussions, de ces controverses, se résumer dans les conclusions, par l'indication d'une marche unique à indiquer, je pourrai peut-être dire à imposer, à toutes les Organisations représentées pour la conquête de nos revendications. Le camarade Soulery m'ayant affirmé que la Bourse du Travail d'Alger ne demandait pas la suppression de ces Congrès, je passe aux motifs qui me font repousser la constitution de la Confédération.

Oui, je l'ai dit, il faut que les Bourses puissent envoyer dans les Congrès corporatifs des délégués représentant les Chambres syndicales qui, elles, n'ont pas le moyen de faire les frais de voyage et de séjour pour s'y faire représenter. Mais de là à l'adoption de ce que les Bourses du Travail puissent rentrer dans la Confédération, je suis absolument d'un avis contraire.

Je regrette que nous n'ayons pas tous la même conception de ce que doit être une Bourse du Travail. Pour moi, j'estime que la Bourse du Travail doit être une institution où doivent se centraliser d'abord les éléments constitutifs des revendications locales; en outre, être, si je puis ainsi m'exprimer, les archives des revendications des Bourses fédérées, et, de plus, devenir une école professionnelle économique où tous les travailleurs, par des conférences périodiques et par une bibliothèque bien comprise, viennent s'instruire sur les mouvements économiques.

A quel titre les Bourses peuvent, dit-on, rentrer à la Confédération parce qu'elles sont fédérées! En quoi, je vous le demande, cette Fédération a-t-elle rapport avec les Fédérations de métiers? les Bourses, par leur constitution propre, ne représente-t-elles pas la fédération locale des Chambres y adhérentes? Et alors, que ferez-vous des Fédérations de métiers et parties similaires, puisque toutes les Chambres composant cette Fédération sont déjà, par leur adhésion aux Bourses, pour ainsi dire fédérées.

J'estime que les Bourses, se reliant entre-elles, ont pour devoir de former les Fédérations de métiers et parties similaires : 1° localement; 2° régionalement; 3° nationalement et internationalement, et qu'alors tous les métiers et parties similaires fédérés comme je vous l'indique, la Fédération de ces Fédérations pourra se constituer, parce qu'à ce moment seulement toutes les forces, aulieu d'être éparses et par conséquent improductives, seront concentrées, acquerront cette puissance que nous cherchons à mettre en mouvement, puissance contre laquelle la société bourgeoise et capitaliste ne pourra résister, amènera sa disparition.

Je vous demande : Que ferez-vous des Syndicats épars dans cette Confédération? Le camarade Pelloutier reconnaissait avec moi le grand nombre de Syndicats non adhérents à aucune Fédération. N'estimez-vous pas que notre premier devoir est, sinon de les attirer à nous, à la Fédération des Bourses, tout au moins à les relier à la Fédération de leurs métiers? Ils ne seraient plus alors isolés et le plus souvent les mouvements de résistance à l'oppression de l'état capitaliste et bourgeois réussiraient par cette force de Fédération de métiers.

Oui, je suis partisan de la Fédération des Fédérations, mais à une condition : c'est que nous nous mettions à l'œuvre immédiatement pour la formation de ces Fédérations, et cette œuvre, je crois, appartient aux Bourses et à sa Fédération.

Pour terminer, je dois un aveu au Congrès, celui d'avoir à tort pris la parole au nom de la Bourse de Toulouse; je croyais que la Bourse de Toulouse comprenait la Confédération telle que je la concevais moi-même; j'ai vu que nous n'étions pas d'accord. Je prie le Secrétaire de ne m'indiquer dans le procès-verbal que comme délégué de Cognac, laissant au seul délégué de Toulouse, le citoyen Coloni, le devoir d'exprimer l'opinion de sa Bourse.

Je ne parlerai pas des conflits inévitables qui, je crois, se produiraient entre la Fédération des Bourses et la Confédération parce que l'une et l'autre voudraient avoir la direction du mouvement; l'une ou l'autre serait, je crois, fatalement appelée à disparaître, mais non sans créer des divisions dans le prolétariat. Nous devons surtout éviter de fournir le prétexte de ces divisions par la création de multiples mots nouveaux, incompris par la masse prolétaire.

Je me résume en disant que nous devons créer les Fédérations de métiers avant de créer une Confédération, qui ne porterait que le nom si le Congrès, par son adhésion adoptait le maintien des résolutions de Tours et voterais, par conséquent, contre.

Toulouse lit la déclaration suivante :

Toulouse estime que, quoique la Fédération des Bourses du Travail ait rendu des services aux travailleurs, le but à atteindre n'a pas produit les résultats qu'on était en droit d'en attendre, dès leur création.

Aussi, dès que la création de la Confédération générale du travail fut décidée, Toulouse crut à une organisation, qui assurément présente un caractère général, puisqu'elle permet le groupement d'un grand nombre de Fédérations qui, jusqu'ici, étaient isolées ou qui avaient été repoussées aux précédents Congrès du sein de la Fédération des Bourses du Travail. Toulouse voudrait voir toutes ces forces ouvrières réunies à la Confédération, où tout le monde du travail a libre accès. Elle demande donc le maintien de la Fédération des Bourses et votera pour son adhésion à la Confédération générale du Travail au même titre que les autres Fédérations.

Signé : TOULOUSE, LIMOGES, RENNES.

Alger se félicite de l'ampleur prise par le débat. **Paris** a constaté ce matin que la Confédération n'a rien produit. Cela est exact, car elle n'a même pas donné signe d'existence, puisque **Alger** n'a reçu d'elle, cette année, qu'une seule lettre.

Le **Comité fédéral** a exposé qu'il y avait pour le prolétariat deux tâches à accomplir : l'organisation corporative, puis la résistance à l'exploitation capitaliste et le vote des lois ouvrières. Pour cette seconde tâche, et étant donnée la fréquence des conflits entre le capital et le travail, il serait peut-être utile d'avoir un organisme permanent; mais est-ce que cet organisme ne devrait pas être une Fédération des Unions de métiers ? Mais, à tous les points de vue, la Fédération des Bourses est la véritable force à opposer au patronat.

Sur une motion d'ordre de **Nimes** et une déclaration de la Commission d'organisation, on fait l'appel de la quantité de brochures qui sera souscrite par les Bourses.

Le total des inscriptions s'élève à 635.

Nantes et **Nimes** déclarent en souscrivant que, si par impossible leurs Bourses ne sanctionnaient pas leur souscription, ils prendaient les brochures à leur compte personnel.

Saint-Etienne demande que pour les Congrès futurs il ne se produise plus ce fait que des Bourses souscrivent pour moins d'exemplaires qu'elles ne comptent de Syndicats.

Cette proposition est adoptée, moins **Narbonne**, qui est contre, et **Angers**, qui fait des réserves.

On reprend la discussion sur la Confédération.

Paris est en communion d'idées sur la question avec le Comité fédéral. Il rappelle, en outre, qu'il a demandé au Congrès d'autoriser désormais l'entrée dans la Fédération des Bourses, non-seulement des Bourses, mais des Fédérations locales de syndicats. L'organisme confédéral proposé par Paris se résume ainsi : Association de la Fédération des Bourses et des Fédérations de métiers pour régler toutes les questions qui intéressent l'ensemble du prolétariat. Il ne faut pas parce que la Confédération n'a rien fait en condamner le principe. Organisons-la sur de meilleures bases.

Angers donne lecture des conclusions suivantes :

Tours a émis, ce matin, une proposition qui a quelques ressemblance avec celle d'Angers, mais qui en diffère complètement au point de vue financier. En effet, Tours augmente les cotisations des Bourses et Angers les restreint, pour les faire parvenir aux organisations en grève ; la différence est sensible.

Dans l'argumentation du Comité fédéral, je relève cette assertion : « Pour prouver le mouvement, il faut marcher ». Or, je vous dis : « L'écrevisse marche et elle prouve le recul ».

Tel est le cas du Comité fédéral depuis sa constitution. Si, toutefois, vous n'acceptez pas ses conclusions, Angers vous invite à bien vouloir modifier de fond en comble le mode de recrutement du Comité fédéral, car nous estimons que ce mode est le principal obstacle au développement de la Fédération. Remarquez que, dans ce qui va suivre, nous ne faisons aucune personnalité. Tel qu'il est constitué, vous savez tous qu'une Bourse, ayant besoin de se faire représenter au Comité fédéral est obligée de lui demander si ledit Comité connaît un représentant. Or, je vous demande en toute confiance : quel est le secrétaire qui ne prendra pas les membres actifs à lui demandés parmi les personnes de son entourage, ou, tout au moins, parmi ceux qui pensent comme lui, pour que le Comité et lui ne soient jamais en conflit?

« Aux théories pures et exclusives qui ont été soumises à votre appréciation, nous opposons une réforme immédiatement réalisable pour donner une nouvelle impulsion à la Fédération des Bourses fusionnée avec la Confédération.

« Nous vous demandons de bien vouloir vous joindre à nous pour rechercher les meilleurs moyens de faire aboutir notre proposition, et nous insistons surtout pour que vous émettiez un vote formel sur cette proposition, car elle a été faite en temps et lieu. »

Boulogne-sur-Mer appuie l'opinion d'Alger, car on ne peut admettre la création de deux Etats dans l'Etat. Si la Fédération des Bourses n'a pas produit tout ce qu'elle aurait pu produire, c'est la faute des Organisations dont elle se compose, et il y a lieu de croire que dans l'avenir elles montreront plus d'activité. Mais c'est elle qui, seule, doit exister, et l'objection est inexacte qui consiste à dire que, avec la Fédération des Bourses seules les Syndicats des villes où il n'y a pas de Bourse seraient tenus à l'écart.

Châlon-sur-Saône est d'avis que jusqu'à ce jour on a trop sacrifié l'action à l'étude, et pourtant le moment est venu non-seulement d'organiser la résistance contre le patronat, mais de prendre l'offensive. La Fédération des Bourses a un rôle purement économique et statistique; il faut donc lui adjoindre une autre Organisation qui exerce une action plus virile. Il ne faut pas objecter le peu de résultats produits par la Confédération, car, si on le veut, elle aura accompli l'an prochain des travaux sérieux. Mais il faut que la Fédération des Bourses y rentre. Du reste, la Fédération non plus n'a pas réalisé les espérances conçues, et cela vient de ce que les délégués qui sont en relations constantes avec les Bourses sont submergés par des délégués qui ne correspondent jamais avec leurs mandants. C'est là la cause de l'impuissance de la Fédération des Bourses, et c'est ce qu'il faudra éviter à la Confération.

Le temps de l'étude est terminé pour le prolétariat; assez des études économiques; faisons de l'action, et pour faire de l'action, que les Bourses s'engagent à respecter les décisions des Congrès.

Le plan de la Confédération n'a peut-être pas été jusqu'ici

suffisamment compris, parce qu'il était un peu gigantesque, mais il n'en faut pas conclure que la Confédération ne puisse jamais fonctionner. Elle est nécessaire, par exemple, pour étudier, propager la grève générale, et, le jour où un conflit éclaterait entre la classe ouvrière et la classe capitaliste, pouvoir, en vertu d'un mandat donné par un Congrès, appeler le prolétariat à la résistance.

Est-ce que la Fédération des Bourses le peut? A-t-elle pu empêcher un coup de force pareil à celui qui ferma la Bourse du Travail de Paris? Non, puisqu'il y a même désaccord aujourd'hui entre les syndicats de Paris.

Châlon-sur-Saône demande donc que le Congrès des Bourses ne prenne pas immédiatement de décision touchant la Confédération, et qu'il décide qu'un *referendum* sera adressé aux Bourses après le Congrès corporatif.

Rouen n'admet pas qu'on tire argument contre la Confédération de ce qu'elle n'a pas encore réussi, car elle vient à peine de naître. Oui, les Bourses sont puissantes, mais les syndicats n'y sont pas groupés, comme le déclare Alger, ils y sont seulement cantonnés. Et que faites-vous des Fédérations de métiers : les Travailleurs du Livre, les Ouvriers des Chemins de Fer? oubliera-t-on quelle force elles possèdent et ce qu'elles peuvent pour une action révolutionnaire? Il ne faut donc plus que la Fédération des Bourses et la Confédération se boudent; il faut, au contraire, qu'elles agissent parallèlement.

Le **Comité fédéral** demandant à Rouen d'exposer comment il conçoit la Confédération du Travail, **Rouen** répond qu'avec quelque bonne volonté, par exemple, en prenant un délégué par département, on peut créer une organisation viable.

Grenoble établit que la question se résume ainsi : sacrifier la Fédération des Bourses à la gloire de la Confédération du Travail. Or, qu'arrive-t-il avec la multiplicité des groupements actuels : que les syndicats ne s'intéressent plus ni aux uns ni aux autres. On a objecté que la Fédération des Bourses ne peut pas englober tous les travailleurs; c'est inexact, car tous les syndicats peuvent se grouper en Unions locales ou régionales et adhérer à la Fédération des Bourses, comme l'ont fait Valence et Romans, qui n'ont pas de Bourses. On dit que la Fédération des Bourses n'a pas donné tout ce qu'elle avait promis; mais additionnez ce qu'elle a fait dans tous ses

Congrès et vous verrez la somme importante de travail accompli.

On demande la Confédération pour pouvoir organiser un seul Congrès; mais est-ce que la Fédération des Bourses ne peut pas le convoquer?

On dit encore que les Syndicats ne sont pas groupés dans les Bourses, qu'ils y sont simplement cantonnés. Mais quoi de plus inexact? Est-ce donc que les Bourses du Travail seraient quelque chose par elles-mêmes? Mais non; elles n'existent que par les Syndicats.

Ce qu'on veut, en soutenant la Confédération, c'est faire disparaître la Fédération des Bourses. En votant tout à l'heure, on se prononcera donc soit pour le maintien, soit pour la suppression de la Fédération des Bourses. On nous menace de l'éventualité où le gouvernement viendrait à supprimer les Bourses; mais il faut le désirer, car peut-être cette mesure réveillerait-elle le prolétariat, trop endormi actuellement.

Nice repousse toute idée d'antagonisme entre la Fédération des Bourses et la Confédération. En créant la seconde, il ne s'agit pas de supprimer la première, il s'agit de la compléter, de fortifier la résistance à l'exploitation capitaliste.

On prétend que l'entrée de la Fédération dans la Confédération grèverait le budget des Bourses; mais la contribution pécuniaire n'aurait pas besoin de dépasser 50 centimes par mois.

Nice propose donc que le Congrès vote l'adhésion à la Confédération sous réserve que cette adhésion n'entame en rien l'autonomie de la Fédération des Bourses et ne grève point le budget des Bourses.

Saint-Etienne déclare qu'elle votera la proposition du Comité fédéral, et qu'au cas où on reconnaîtrait la nécessité d'une contribution, elle votera pour la contribution la plus minime.

Nevers conteste que l'association des Unions de métiers et de la Fédération des Bourses suffise pour constituer la Confédération, car songe-t-on au nombre si important de syndicats qui ne font partie ni des unes ni de l'autre. Il est nécessaire pour la Fédération des Bourses d'entrer dans la Confédération; il y va de son salut même, car le prolétariat veut enfin exercer une action révolutionnaire qui est interdite à la Fédération des Bourses, cantonnée dans les études économiques. L'adhésion que nous demandons n'amoindrira pas notre organisation; elle achèvera l'œuvre commencée.

Limoges propose la suppression complète de la Fédération des Bourses, non pas immédiate, mais progressive. Le Comité fédéral a travaillé sans doute pour les Bourses, mais il n'a rien fait pour les syndicats non fédérés, ou il n'a fait que ce qu'il nous a appris pour Calais et Dunkerque. Le Comité fédéral va sortir du Congrès corporatif amoindri, et il le mérite, car au lieu d'être composé en nombre égal de représentants de toutes les opinions socialistes, il est un mélange d'allemanistes et d'anarchistes. Nous ne demandons pas qu'il soit composé en majorité de blanquistes; mais nous aurions voulu une proportion plus admissible.

L'ordre du jour d'**Angers** et **Limoges** proposant la suppression complète de la Fédération des Bourses, est ainsi conçu :

Angers et Limoges demandent un vote formel sur la proposition de suppression de la Fédération des Bourses en la fusionnant dans la Confédération ; cette proposition ayant été faite à temps et ensuite pour les raisons déjà données.

Votent **pour :** Limoges, Angers.

Contre : Rennes, Niort, Boulogne-sur-Mer, Saint-Etienne, Tours, Nevers, Alger, Dijon, Grenoble, Carcassonne. Clichy, Perpignan, Toulouse, Nice, Nantes, Le Mans, Paris, Nîmes, Cognac, Narbonne, Rouen, Saint-Chamond, Bourges, Montpellier, Besançon, Châlon-sur-Saône, Boulogne-sur-Seine.

Abstentions : Versailles, Cholet.

Saint-Etienne propose l'adoption des conclusions présentées par le Comité fédéral.

Lecture est donnée des ordres du jour suivants :

Alger :

Propose que la Confédération du Travail soit composée exclusivement des Fédérations de métiers et de la Fédération des Bourses.

Elle pourra admettre des syndicats isolés, à condition que ces derniers ne puissent faire partie d'une Fédération de métiers ou d'une Bourse. Dans ce cas, la Confédération devra créer une Fédération de métiers.

Rouen :

Le Congrès décide que les Bourses du Travail adhèrent à la Confédération générale du Travail, afin de mener une action commune pour la défense des intérêts syndiqués et pour l'accomplis-

sement de l'union de toutes les forces ouvrières de France qui,
sérieusement organisées, pourront mener à bonne fin l'émancipation intégrale de tous les exploités par l'action syndicale.

Besançon et Carcassonne :

Demandent que le Congrès de Toulouse sanctionne à nouveau,
purement et simplement, l'ordre du jour voté sur cette question
par le Congrès des Bourses tenu à Tours.

Châlon-sur-Saône :

Considérant que l'intérêt général des travailleurs exige une
entente commune des organisations syndicales, la Fédération
nationale des Bourses du Travail donne son adhésion à la Confédération générale du Travail. Toutefois, si la décision du Congrès
national corporatif n'était pas conforme à la décision du Congrès
des Bourses du Travail, le Comité fédéral aurait le mandat de
consulter les Bourses du Travail, par voie de referendum, en vue
d'une entente commune dans l'intérêt général du prolétariat.

Nevers et Le Mans proposent que la Fédération des Bourses
soit représentée à la Confédération, conformément à l'article premier, paragraphe 12 des statuts de cette organisation,
qui stipulent pour la Fédération des Bourses la représentation
avec trois délégués.

Paris combat cette proposition, car elle ne donne que le
même nombre de représentants à la Fédération des Bourses,
qui compte 700 syndicats, et à une Fédération de métiers qui
n'en compte que 30. Il faut donc un délégué par Bourse.

Tours n'est pas de cet avis, car les Bourses ne sont rien par
elles-mêmes, et les Unions dont elles se composent doivent
conserver le droit de se faire représenter directement à la
Confédération. Les Bourses doivent être simplement représentées collectivement par trois délégués. En tout cas, lais-
sons le soin d'arrêter ces détails au Congrès corporatif. La
question immédiate est de savoir si la Fédération des Bourses
adhèrera ou non à la Confédération.

Grenoble et Châlon-sur-Saône sont également d'avis que
la première question à trancher est celle de l'adhésion ou de
la non adhésion.

On met aux voix la première partie de l'ordre du jour de
Nevers :

Votent pour : Rennes, Saint-Etienne, Tours, Nevers, Alger,
Dijon, Limoges, Angers, Toulouse, Nice, Nantes, Le Mans,

Paris, Nîmes, Cognac, Narbonne, Rouen, Saint-Chamond, Bourges, Montpellier, Besançon, Châlon-sur-Saône, Boulogne-sur-Seine.

Contre : Niort, Boulogne-sur-Mer, Grenoble, Carcassonne, Clichy, Perpignan.

Abstentions : Versailles, Cholet.

Alger, Nantes, Cognac, Nîmes, Narbonne, Montpellier, Besançon, déclarent avoir voté pour, sous réserve de la façon dont la Confédération sera constituée.

On donne lecture de l'ordre du jour d'**Alger.**

Rouen ne comprendrait pas qu'on adoptât cette proposition, car elle servirait à fédérer des Organisations qui le sont déjà, mais laisserait à l'écart les Organisations, même pour le groupement desquelles nous désirons constituer une Confédération.

Nevers appuie le vote émis par le Congrès corporatif de Tours, car il ne faut pas faire d'exception dans le prolétariat, en laissant à l'écart les petits syndicats.

Le **Comité fédéral** établit que, par son titre même, la Confédération, c'est-à-dire la Fédération des Fédérations, ne peut pas englober les syndicats qui, jusqu'ici, sont restés isolés volontairement, n'ont pas montré l'énergie dont ont fait preuve les syndicats fédérés. Ce serait offrir une prime à l'abstention, à l'isolement. La Confédération fera elle-même la propagande pour fédérer les syndicats, puis ceux-ci pourront y entrer.

Châlon-sur-Saône établit que la crainte véritable est celle de voir la Confédération envahie par des éléments d'une opinion différente, par exemple, de celle de la Fédération des Bourses. Mais l'on n'entend pas donner de représentation effective aux syndicats; il s'agit seulement de les faire entrer dans le groupement ouvrier pour pouvoir précisément les fédérer.

Tours établit également qu'il ne s'agit pas de décider que les syndicats devront avoir individuellement un délégué. Ils ne doivent pas en avoir, car, s'ils en avaient, il est évident que les syndicats quitteraient leurs fédérations et que ce serait la ruine du groupement corporatif. Comme le Congrès de Tours, celui de Toulouse dira, sans doute, qu'aucun syndicat déjà fédéré ne peut être représenté individuellement à la Confédération.

Tours demande également que le Congrès des Bourses ne

fixe pas au prorata de l'importance numérique de la Fédération le nombre de délégués qu'elle pourra avoir à la Confédération. Il faut une représentation égale pour toutes les organisations. Ne fixons donc pas de chiffre.

Nevers se défend d'avoir voulu, en fixant dans son ordre du jour le chiffre de délégués, prévoir une représentation proportionnelle et, par conséquent, craindre une majoration.

L'ordre du jour d'**Alger,** suivant le texte donné plus haut, est mis aux voix.

Votent pour : Rennes, Saint-Etienne, Tours, Nevers, Alger, Dijon, Limoges, Carcassonne, Clichy, Toulouse, Nice, Nantes, Le Mans, Paris, Nîmes, Cognac, Narbonne, Rouen, Saint-Chamond, Bourges, Montpellier, Besançon, Châlon-sur-Saône.

Contre : Niort, Boulogne-sur-Mer, Versailles.

S'abstiennent : Grenoble, Perpignan, Angers (qui veut laisser à la Confédération le soin de statuer sur son mode de constitution).

Châlon-sur-Saône demande que dans le cas où le Congrès corporatif prendrait une décision différente de celle du Congrès des Bourses, le Comité fédéral, au lieu d'attendre une année pour faire trancher la question, soit autorisé à consulter immédiatement les Bourses par voie de referendum pour connaître la conduite à suivre.

Cette proposition est adoptée à mains levées.

On adopte également à mains levées l'ordre du jour de Rouen.

Paris fait la proposition suivante :

Que la Fédération des Bourses accepte dans son sein les Fédérations locales et régionales des villes où il n'y a pas de Bourse de Travail, mais à la condition que, dans l'espace de six mois, elles prennent le titre de Bourse du Travail.

Le **Comité fédéral** appuie cette proposition, en se fondant sur les déclarations qu'il a faites lors de la discussion du rapport pour 1896-97.

Châlon-sur-Saône la combat. Puisque nous venons de décider que la Fédération des Bourses adhèrera à la Confédération, il ne se peut pas qu'elle admette des Unions des Syndicats. Elle ne peut admettre que des Bourses.

Alger n'est pas de cet avis. Le Congrès a voté tout à l'heure que la Confédération ne sera composée que de la Fédération des Bourses et des Fédérations de métiers ; donc tout ce qui n'est pas Fédération de métiers ou Syndicat isolé doit entrer dans la Fédération des Bourses.

Le **Comité fédéral** s'étonne qu'on combatte l'admission des Unions de Syndicats dans la Fédération des Bourses. Car, qu'importe que ces Unions fassent partie de l'un ou de l'autre des éléments dont se composera la Confédération, puisque tous ces éléments font déjà partie de la Confédération ?

Tours combat la proposition parce qu'il pourrait arriver qu'on fût forcé d'admettre une Union de Syndicats constituée pour faire pièce à une Bourse du Travail déjà existante.

Grenoble constate qu'on cherche décidément à tuer la Fédération des Bourses; pourquoi refuser, en effet, de recevoir les Unions de Syndicats, puisqu'on a admis l'Union de Paris, des Bourses comme celles de Romans et de Valence qui ne sont réellement que des Unions de Syndicats ? Puisqu'il en est ainsi, le délégué de Grenoble ira dire aux Unions de Syndicats de Voiron, de Vienne (et il engage tous ceux qui s'intéressent à la Fédération des Bourses à en faire autant) de prendre le titre de Bourse.

Châlon-sur-Saône se défent de vouloir la ruine de la Fédération des Bourses. Et pour preuve, il indique le conseil donné par lui le 1er mai à la Fédération des Syndicats de Dunkerque de se transformer en Bourse.

Après échange d'observations entre **Tours** et le **Comité fédéral**, on met aux voix l'ordre du jour de **Paris** amendé par **Rouen**. Cet ordre du jour est adopté à mains levées. Limoges et Versailles s'abstiennent.

Propagande unitaire des Bourses pour arriver à la création d'un journal quotidien. — **Nevers** demande au Congrès des Bourses d'exprimer tout le désir qu'il a de voir les Bourses accorder à la Confédération, en vue de la création d'un journal quotidien qui soit la propriété des travailleurs, tout l'appui moral et matériel nécessaires.

Nimes a mandat de repousser la création d'un journal quotidien qui exigerait d'importants capitaux, car elle voudrait auparavant que la Fédération des Bourses eût un organe à elle.

Saint-Etienne votera la proposition à condition qu'il n'y ait qu'un journal.

Tours croyait, lorsqu'elle vit figurer à l'ordre du jour du

Congrès la proposition de **Nevers**, qu'au lieu de discuter à nouveau sur l'utilité incontestable du journal, les Bourses viendraient faire connaître quelle propagande elles ont faite et quels résultats obtenus. **Tours** a recueilli deux cents abonnements, mais il craint bien que même ce nombre de souscripteurs ne se trouve pas en entier lorsqu'il s'agira de payer, et il doute que le prolétariat puisse assurer l'existence du journal désiré.

Châlon-sur-Saône s'étonne que la question du journal quotidien soit discutée par le Congrès des Bourses puisqu'elle émane et relève naturellement de la Confédération. La Fédération des Bourses ne doit qu'aider de tout son appui moral et pécuniaire, si possible, la Confédération pour la création de ce journal.

Nantes accepte la création d'un journal quotidien, à condition que tous les bulletins actuels disparaissent.

Dijon voudrait voir créer un bulletin hebdomadaire de la Fédération, mais elle est opposée au journal quotidien qu'elle considère comme inexécutable.

Nice pense que la question du journal doit être discutée au Congrès corporatif. En tout cas, et quel que soit son désir de voir le prolétariat posséder un journal quotidien, elle considère que cette entreprise est chimérique.

Nevers n'a pas demandé qu'on discutât la question, qui ressort en effet du Congrès corporatif. Elle demande seulement aux Bourses de faire en faveur du journal toute la propagande nécessaire.

Lecture est donnée des ordres du jour présentés :

De Nevers :

Les Bourses, réunies en Congrès reconnaissent l'extrême nécessité de l'existence d'un journal quotidien susceptible d'éclairer le prolétariat et d'aider au développement des Organisations ouvrières, prennent l'engagement de faire toute propagande pour en activer l'apparition ; décident, en outre, que cet ordre du jour sera communiqué au Congrès corporatif.

Saint-Etienne :

Propose l'appui moral et financier des Bourses pour assurer la vitalité du journal.

Le Mans et Nantes :

Proposent au Congrès que toutes les Bourses du Travail fassent la propagande nécessaire pour assurer l'apparition du journal quotidien préconisé par la Confédération générale du Travail. A cet effet, nous estimons que tous les bulletins de Bourse et de Fédération doivent cesser leur publication, attendu qu'ils vivent péniblement. Ainsi sera assurée la vitalité du journal quotidien de la Confédération, lequel, par sa propagande, conduira le prolétariat à son affranchissement.

On met aux voix l'ordre du jour de Nevers.

Votent **pour** : Rennes. Nice, Saint-Etienne, Tours, Nevers, Dijon, Limoges, Clichy. Angers, Toulouse, Nice. Nantes. Le Mans, Paris, Nîmes. Cognac, Narbonne. Rouen, Saint-Chamond, Montpellier. Besançon. Versailles, Châlon-sur-Saône.

Contre : Niort (parce qu'elle veut l'*Ouvrier des Deux Mondes* comme organe de la Fédération). Carcassonne. Perpignan. Nantes.

Abstentions : Grenoble, Bourges, Boulogne-sur-Mer, qui s'abstient parce qu'elle a mandat, comme Niort, de se prononcer pour l'adoption par la Fédération des Bourses de l'*Ouvrier des Deux Mondes*.

On met aux voix, à titre d'amendement, la proposition de **Saint-Etienne**.

Après un échange d'observations entre Limoges. Saint-Etienne, Nevers et Tours, la proposition est repoussée à la majorité.

Le Congrès repousse également l'ordre du jour du **Mans** et de **Nantes**.

La séance est levée à 7 heures.

SAMEDI 18 SEPTEMBRE 1897

PREMIÈRE SÉANCE

La séance est ouverte à huit heures, sous la présidence de *Dijon*, assistée d'*Angers* et *Châlon-sur-Saône*.

Présentes : *Rennes, Niort, Boulogne-sur-Mer, Tours, Nevers, Alger, Dijon, Limoges, Grenoble, Carcassonne, Clichy. Perpignan, Angers. Toulouse. Nantes. Le Mans, Paris, Nîmes. Cognac. Rouen, Bourges, Montpellier, Besançon. Versailles. Châlon-sur-*

Saine, Cholet, Boulogne-sur-Seine, Saint-Etienne, Saint-Chamond, Nice.

Lecture est donnée du mandat de **Boulogne-sur-Seine**
qui est accepté.

Le procès-verbal de la précédente séance est adopté.

Lecture est donnée d'une lettre de la Bourse de Saint-
Nazaire informant que l'administration préfectorale a autorisé l'organisation d'une loterie en faveur des ouvriers en
chômage et sollicitant l'aide des Bourses.

Le **Comité fédéral** est heureux de la demande faite par
Saint-Nazaire, car elle lui permet, tout en demandant au
Congrès l'aide la plus active pour les chômeurs de Saint-
Nazaire d'obtenir qu'il invite Saint-Nazaire à rentrer dans la
Fédération des Bourses, qui n'a pas soutenu les travailleurs
nazairiens uniquement parce qu'elle ignorait leur situation.

Nantes confirme la déclaration du Comité fédéral, car elle-
même, voisine de Saint-Nazaire, n'a connu que tardivement
la crise économique dont cette ville a souffert.

Sur la proposition de **Besançon**, une collecte entre les
membres du Congrès est décidée en faveur de Saint-Nazaire.

Propagande des Bourses du Travail. — **Perpignan**
donne lecture du rapport présenté par la Commission nommée
à ce sujet :

RAPPORT

De la Commission nommée pour traiter le 5ᵉ point de l'ordre du jour du Congrès.

**Recherche des moyens à employer pour étendre la pro-
pagande des Bourses du Travail.** — La Commission, adoptant
la manière de voir de Saint-Etienne et Nantes, vous propose de
voter que dans chaque Bourse il soit créé une commission d'études
qui aurait pour mission de fonder des cours professionnels, de
donner des conférences, d'abord à la Bourse afin d'habituer les
camarades à la discussion, pour que les questions traitées puissent être portées et soutenues énergiquement dans les réunions
publiques.

Quant aux conférences hebdomadaires, nous estimons qu'elles
sont nécessaires afin d'éduquer nos camarades de travail qui,
toute la journée, sont retenus à l'atelier ou aux champs et ne peu-

vent, dès lors, suivre d'une manière assidue la fluctuation des charges et devoirs sociaux.

Syndicats agricoles. — Ayant pris connaissance du magnifique projet de statuts dressé par le Comité fédéral, la Commission vous demande qu'après que lecture en sera donnée voir *Bulletin Officiel* de Saint-Etienne, vous les adoptiez ou amendiez afin qu'ils puissent être communiqués aux Bourses qui les adopteront chacune dans son milieu et selon le tempérament des ouvriers agricoles de la région.

Nimes, dans un passage d'un rapport déposé, estime qu'il serait bon de créer des syndicats *intercommunaux* ou *cantonaux* avec une section dans chaque agglomération qui gardera son autonomie.

Le Comité fédéral estime également que, pour ne pas déranger trop souvent les militants des Bourses, il serait utile, indispensable, que les délégués désignés pour créer des syndicats agricoles se mettent en relations avec les autres ouvriers ruraux qui, indépendants par leur travail, pourraient défendre avec autant d'autorité et connaissance de cause, leurs camarades agricoles.

Création de Sailors'home. — Après discussion approfondie, étant donné les précieuses indications fournies par le Comité fédéral, la Commission vous propose d'engager les Bourses, aidées par les municipalités, à créer des hôtels-bourses du travail pour les travailleurs de la mer.

Ces hôtels-bourses auraient pour but de nourrir et loger les marins et similaires et, en même temps, assureraient le placement de ses membres qui, réunis en collectivité, pourraient traiter toutes les questions qui intéressent la corporation.

Groupement des Sans-Travail. — Sans discussion, votre Commission a adopté un projet de loi présenté par Rennes.

Voici le projet que nous vous prions de prendre en considération :

Article Premier

Il est fondé entre tous les ouvriers syndiqués adhérents aux Bourses du Travail de France et des Colonies une ligue dénommée : *Ligue des états de misère contre la bourgeoisie financière,* autrement : *Œuvre des Sans-Travail.*

Art. II

Par le rapport de ses membres, chaque Chambre syndicale est tenue de fournir chaque trois mois, au bureau de placement adjoint à sa Bourse, les détails circonstanciés du chômage de son industrie, avec la liste complète des ouvriers sans travail de la région.

ART. III

Le bureau de placement de la Bourse devra convoquer sans retard, aussitôt le reçu des rapports des Chambres syndicales, les ouvriers sans travail; il leur donnera de bonnes espérances et les engagera à se syndiquer au cas où ils ne le seraient pas.

Voici de quelle façon générale agira le bureau de placement de la Bourse pour procurer l'ouvrage aux Sans-Travail :

1° Par délégations successives, il agira auprès des pouvoirs publics pour l'ouverture des chantiers communaux;

2° Il se mettra en rapport avec les autres bureaux de placement des autres Bourses;

3° Il communiquera avec toutes les sociétés, organisations, administrations diverses, grands ateliers qu'il pressentira devoir donner une suite favorable à ses demandes.

ART. IV

Aux époques de chômage général, les Bourses du Travail seront tenues d'organiser des réunions publiques où seraient conviés tous les Sans-Travail de la région, et à l'issue desquelles des manifestations auraient lieu à l'égard des pouvoirs publics.

ART. V

À la fin de l'année, toute Bourse du Travail devra envoyer, sur le mouvement de l'œuvre, un rapport à la Fédération.

ART. VI

Pour les besoins de l'œuvre, les Bourses du Travail sont invitées à créer un chapitre spécial dans leur budget.

ART. VII

La Ligue des États de misère contre la bourgeoisie financière ne devra rigoureusement comporter aucune cotisation si minime soit-elle, aucun versement de quelque nature qu'il soit, aucune discipline.

RENNES-ROLLAN.

Le **Comité fédéral** commente les quatre paragraphes de l'article 5 de l'ordre du jour. Il expose la nécessité pour les Bourses, si au lieu de se confirmer dans le placement de leurs adhérents elles veulent en même temps former des hommes, d'organiser d'abord, comme l'a fait Saint-Etienne, une commission qui étudie successivement tous les problèmes économiques et les soumette à une discussion contradictoire en réunion plénière des Syndicats ; il faut, ensuite, que les propagandistes formés à cette école aillent hebdomadairement dans les villes et villages qui entourent les Bourses du Travail faire connaître l'objet de leurs études.

Le moment est également venu de mettre à profit l'état d'esprit communiste, qui est celui de tant de travailleurs agricoles, en organisant sur les bases socialistes des Syndicats qui les détachent des Syndicats patronaux. De l'enquête qu'il a ouverte à ce sujet, le Comité fédéral emporte la conviction qu'avec le concours des ouvriers qui dans chaque village exercent une des professions annexes à celle de l'agriculture (menuisiers, marchands de vin, cordonniers, etc.), il serait possible de créer des groupements qui, protégeant le métayer et l'ouvrier de ferme contre les exactions du propriétaire foncier et du patron, en organisant des services de transport en commun, d'achat collectif des semences, engrais, instruments aratoires, familiariseraient les cultivateurs avec le socialisme et dissiperait le mal entendu, créé par les conservateurs, qui existe entre les travailleurs des campagnes et ceux des villes.

Il importe également pour le prolétariat organisé de diriger son attention sur les travailleurs de la mer. Ceux-ci, pêcheurs, marins, dockers, restés jusqu'ici à l'écart du groupement ouvrier, mais qui commencent à se révolter contre l'exploitation dont ils sont victimes (les grèves qui ont éclaté depuis deux ans sur toutes les côtes de l'Océan l'indiquent), demandent une protection quelconque. Or, les dirigeants feignent de la leur apporter, en créant des hôtels de marins, en essayant de monopoliser, sous couleur d'association coopérative, le produit du travail de pêcheurs. Si donc, nous voulons éviter aux travailleurs de la mer qu'ils secouent un joug pour en subir un autre, nous devons faire pour eux, mais sur les bases socialistes et révolutionnaires, ce que font les Municipalités, Conseils généraux, Chambres de Commerce. Il faut que les Bourses du Travail, d'accord avec les Sociétés coopératives et en exigeant le concours pécuniaire des Conseils municipaux, bâtissent, à côté des maisons de marins bourgeoises, des maisons de marins ouvrières qui placent leurs membres, qui admettent les marins de toute nationalité, qui, au lieu, comme le font les maisons de marins actuelles, de vendre au cours marchand les denrées nécessaires à l'existence, les vendent au prix de revient, comme font les Sociétés coopératives, qu'on organise enfin les pêcheurs pour qu'ils puissent discuter avec les industriels sur le pied de l'égalité.

Pour la constitution des Bourses du Travail maritimes, le concours des coopératives est nécessaire; mais il y a intérêt à l'obtenir, à lier indissolublement l'intérêt commercial qui anime les coopérateurs à l'intérêt moral qui dirige les syndiqués, de telle sorte que le jour (et il n'est pas loin) où la bourgeoisie voudra briser la force ouvrière, elle soulève contre elle non-seulement les socialistes, mais aussi ceux qui auront avec le groupement ouvrier les intérêts matériels solides.

Il y a là pour les Bourses du Travail une tâche lourde mais elle est de nature à tenter tous les dévouements.

Dijon propose au Congrès de renouveler la motion présentée l'année dernière par Tours.

Nantes a pu constituer un syndicat d'inscrits maritimes. Elle a organisé également les travailleurs des vignes à complant.

Alger déclare qu'elle a ouvert une série de conférences économiques, avec le concours de toutes les bonnes volontés. Pour que la besogne faite soit bonne, le conférencier ne peut pas être contredit immédiatement; les camarades qui veulent lui répondre ne peuvent le faire que dans la réunion suivante.

Limoges appuie la généralisation du système adopté par Alger; car, si, en effet, nous prétendons que nos opinions sont les meilleures, nous devons les exposer à ceux qui ne les admettent pas.

Carcassonne demande s'il ne serait pas possible à la Fédération de lui envoyer un délégué qui explique ce que c'est que les Bourses. Carcassonne n'est constituée que depuis quelques mois, et les membres désireraient qu'on les initie complètement au mouvement ouvrier.

Toulouse propose, pour les localités où les travailleurs n'assistent pas aux conférences, que la Bourse du Travail se déplace et aille dans les faubourgs leur parler.

Boulogne-sur-Mer pense comme le Comité fédéral, que les travailleurs des campagnes sont, en effet, dans un état d'esprit communiste. Il faut mettre à profit ce sentiment. Que dans les syndicats agricoles, tout adhérent qui a quelque chose à vendre le fasse connaître au syndicat, et qu'ainsi le syndicat serve de moyen d'échange entre ses membres. Que, de même, pour les ouvriers proprement dits, journaliers, bûcherons, etc., le syndicat, le jour où le propriétaire a besoin de faucheurs, de moissonneurs, déclare qu'il ne les donnera que moyennant un taux de salaire déterminé, et non plus, comme aujourd'hui, à n'importe quel prix. De même, enfin, le syndicat agricole pourrait exonérer les cultivateurs des lourds frais qu'ils supportent aujourd'hui pour les assurances, en créant pour ses membres un service d'assurances mutuelles. Il y aurait là un commencement d'application de la théorie communiste.

Nîmes a créé des syndicats de cultivateurs dans le département du Gard. Ce qu'elle constate, c'est la nécessité, comme l'a demandé le Comité fédéral, de former dans les Bourses du Travail des propagandistes ; il n'y en a pas, en effet, pour l'instant. Et il faut que des conférences soient faites d'abord dans les Bourses pour initier les militants aux détails de la vie agricole et leur permettre ainsi d'aller à leur tour parler avec fruit dans les campagnes.

Boulogne-sur-Seine demande qu'une propagande active soit faite dans les campagnes. Mais le travailleur des campagnes n'est pas actuellement suffisamment préparé pour qu'on puisse encore l'exciter à la révolte. Il faut l'attirer par intérêt, faire progressivement son éducation ; et c'est seulement lorsqu'il aura compris la portée et le but du socialisme, que nous pourrons lui parler de la fin révolutionnaire nécessaire. **Boulogne-sur-Seine** se rallie donc au projet présenté par **Boulogne-sur-Mer.**

Paris dit que sous les auspices de la Chambre syndicale des ouvriers ferblantiers boitiers, il s'est formé à Pontoise une association des ferblantiers et cultivateurs, qui, au lieu de vendre leurs récoltes à des fabricants, fabriquent eux-mêmes la conserve. Il n'ont pas compris dans la répartition des bénéfices les ouvriers agricoles et garçons de fermes employés par les cultivateurs. L'on devrait inviter les Sociétés coopératives qui s'approvisionnent à la Société de Pontoise, à exiger pour ces travailleurs une participation aux bénéfices.

Le Mans n'a pas compris le sens de la question portée à l'ordre du jour ; elle désire des explications plus complètes.

Rennes développe et commente les conclusions qu'elle a déposées à la Commission.

Tours estime que le rôle des Bourses du Travail à l'égard des sans-travail est de les grouper et de les conduire devant les pouvoirs publics pour montrer l'état de misère du prolétariat. Le nombre des sans-travail augmente toujours ; mais il ne faut point condamner les malheureux camarades que l'anarchie industrielle réduit à l'inactivité.

Nîmes, en ce qui concerne les sans-travail, appuie les vues de Tours. Quant aux sans-métier, ceux qui par une circonstance quelconque (renvoi des ateliers, maladie, chômage) sont obligés de se livrer à des travaux pour lesquels un apprentissage est inutile, il faut par tous les moyens possibles les faire entrer dans le groupement syndical.

Nevers constate que partout il est créé des Syndicats de sans-métier : terrassiers, hommes de peine, journaliers, manœuvres. Aux Bourses de fortifier le plus possible ces Syndicats.

Nice a compris dans la question posée au Congrès qu'il s'agissait d'assurer à tous ceux qui, syndiqués ou non, sont sans travail, le moyen de vivre.

Boulogne-sur-Seine dit qu'il s'agit, en somme, des hommes réduits soudain à la misère sans avoir de métier qui leur permette de gagner leur vie par le travail, et qui, de ce fait, sont réduits à la mendicité. Qu'on organise à l'intention de ces malheureux des réunions pour leur faire comprendre le socialisme, qu'on les y intéresse en leur procurant le travail dont ils seront capables, et l'on aura ainsi contribué à enrayer la progression des sans-métier.

Dijon fait connaître que la municipalité de la ville a procuré à la Bourse du Travail les moyens de constituer un service de secours pour tous les ouvriers privés de travail.

Saint-Étienne propose au Congrès d'émettre un vœu en faveur du vote du projet de loi élaboré par Basly pour tous les ouvriers qui n'ont pas de métier.

Rouen, qui visitait hier l'asile de nuit de Toulouse, y a trouvé un bachelier ès-lettres et ès-sciences. Il regrette que l'état économique condamne des hommes à une telle misère, mais il espère que ces déclassés formeront l'élite des révolutionnaires.

Quant à ceux que l'âge seul écarte de tout travail, il faut les grouper et, par ces groupements, obtenir qu'ils soient tous affectés à l'exécution des travaux communaux.

Narbonne appuie la constitution de Syndicats de sans-métier, puis le groupement des ouvriers en chômage pour obliger les municipalités à les employer aux travaux communaux. Il faudrait également, en temps de crise, que les Bourses du Travail organisent des souscriptions publiques, mais sans concours étrangers, de façon que les secours puissent être donnés aux ouvriers en chômage et non comme le font les pouvoirs publics, à toute sorte de gens.

Le **Comité fédéral** propose au Congrès :

1° D'être autorisé à établir pour les questions posées aux paragraphes c et d de l'ordre du jour du Congrès, des mémoires complets indiquant les bases sur lesquelles peut être entreprise la propagande pour les Bourses du Travail maritime et les Syndicats agricoles ;

2° Que les Bourses du Travail soient invitées à agir efficacement dans la voie indiquée par le Congrès.

Cette proposition est adoptée. Le Congrès décide également la réédition du projet suivant, présenté l'année dernière à **Tours par Saint-Étienne** :

La Bourse du Travail de Saint-Étienne, après avoir laborieusement étudié les moyens les plus efficaces pour arriver à former des hommes d'action, des propagandistes, des éducateurs de la classe prolétarienne ; après avoir constaté qu'on a trop souvent négligé le côté étude et que, la plupart du temps, les éléments agissants des Syndicats administrateurs, délégués et propagandistes ignorent les questions primordiales et le rôle qui leur incombe, croit devoir soumettre à la discussion et au vote du Congrès, le vœu suivant :

« La Bourse du Travail de Saint-Étienne émet le vœu qu'il soit constitué, dans chaque Bourse du Travail, un groupe d'études des questions syndicales et économiques.

« La Bourse de Saint-Étienne pense que, si le Congrès adopte sa manière de voir et sanctionne son vœu par un vote, il comblera une lacune, ouvrira aux organisations syndicales et à la classe prolétarienne une ère nouvelle à l'éducation des travailleurs par les travailleurs eux-mêmes, et fournira bientôt un contingent de lutteurs qui réuniront, au tempérament de combattants énergiques, les qualités indispensables pour déterminer à bref délai l'émancipation de la classe ouvrière. »

Boulogne-sur-Mer présente la proposition suivante, qui est adoptée :

Considérant que bien des catégories de prolétaires se trouvent dans une situation très difficile, n'étant pas des salariés au sens propre du mot tels que les petits marchands qui vendent sur les places publiques, les étameurs, les ramoneurs, les commissionnaires, les chiffonniers, etc., le Congrès accepte dans les Bourses du Travail tous ces syndicats au même titre que les autres syndicats.

Le Congrès adopte enfin le vœu émis par Carcassonne :

1° Que chaque Bourse recherche et s'efforce d'établir l'industrie dans laquelle elle pourrait occuper tous les sans-travail sans aucun apprentissage ;

2° Que les Bourses s'efforcent de faire ouvrir des ateliers et chantiers communaux.

La séance est levée à 11 heures.

DEUXIÈME SÉANCE

La séance est ouverte à 2 heures, sous la présidence de *Saint-Étienne*, assistée de *Nantes* et *Nevers*.

Présentes : *Niort, Rennes, Boulogne-sur-Mer, Saint-Étienne, Tours, Nevers, Alger, Dijon, Limoges, Grenoble, Carcassonne, Clichy, Perpignan, Angers, Nice, Nantes, Paris, Nîmes, Narbonne, Rouen, Bourges, Montpellier, Besançon, Châlon-sur-Saône, Cholet, Toulouse, Le Mans, Amiens.*

Grenoble signale que, sur renseignements nouveaux, il est établi que la municipalité de Narbonne n'a pas supprimé seulement les deux douzièmes dont il a été question avanthier, mais toute subvention. Or, nous ne devons pas souffrir qu'un tel crime s'accomplisse sans que nous protestions. Il faut que les Bourses, pour permettre le fonctionnement de Narbonne pendant au moins quelques mois, s'engagent à verser un minimum de 5 francs. Il appartient aux délégués de faire l'impossible pour que cette proposition soit accueillie.

Des applaudissement accueillent cette proposition, qui est unaniment adoptée.

Narbonne remercie les délégués au Congrès des sentiments de solidarité exprimés en faveur de la Bourse de Narbonne, et les prie de croire qu'il sera fait tout le possible par le prolétariat narbonnais pour maintenir haut et ferme le drapeau syndical.

Le procès-verbal de la précédente séance est adopté sans observation.

Lecture est donnée du mandat envoyé par la Bourse du Travail d'Amiens, qui est accepté.

Délégation en Algérie. — **Alger** fait observer qu'elle a fait tout le possible pour créer un mouvement ouvrier dans l'Algérie. Mais la modicité de ses ressources et l'étendue du territoire algérien l'empêchent de faire tout ce qui serait utile à cet égard. La province de Constantine est bien constituée, mais celle d'Oran aurait besoin de propagande. **Alger** estime qu'il serait utile qu'une fois chaque année la Fédération des Bourses envoyât en Algérie un délégué qui, ne fût-ce qu'à cause de son caractère étranger, attirerait les indifférents. Il vient bien des hommes comme Viviani et Samary; mais, s'occupant plutôt de questions politiques que de questions économiques, les citoyens Viviani et Samary ne produisent pas les résultats que nous désirerions. **Alger** propose qu'un délégué soit envoyé pour trente jours, muni d'un billet-circulaire et avec mandat de visiter toutes les Bourses qui se trouveraient sur le parcours. Les frais totaux du voyage par chemin de fer coûteraient environ 180 à 200 francs. Or, en demandant seulement 1 franc à chacun des syndicats fédérés *qui payent*, ou 75 centimes à chacun des syndicats *adhérents*, on aurait plus que la somme nécessaire. Nous ne demandons pas que le Congrès prenne une décision immuable; mais qu'il la prenne au moins pour cette année et donne ainsi aux travailleurs algériens un témoignage de la solidarité ouvrière.

Rennes dépose la proposition suivante :

Le Congrès, estimant qu'il y a lieu d'envoyer une délégation en Algérie, décide, pour les mesures à prendre à ce sujet, que chaque Bourse du Travail fédérée inscrira pour cela à son budget annuel une somme de dix francs. Ce vote, en faveur de la propagande de l'Algérie, devra revenir chaque année en discussion au Congrès qui statuera à nouveau sur cette question.

Nantes accepte la proposition d'**Alger** en demandant seulement que la contribution à verser soit proportionnelle au total des cotisations fédérales.

Narbonne appuie la proposition d'**Alger** à condition que le délégué profite du voyage pour visiter les Bourses qui seront sur son parcours.

Boulogne-sur-Seine est d'avis que la proposition d'**Alger** soit adoptée, à condition que les frais soient couverts, non par le budget du Comité fédéral, mais par une contribution extraordinaire des Bourses.

Châlon-sur-Saône soutient la proposition d'**Alger,** mais il voudrait étendre le débat et parler de toutes les délégations. Ainsi **Toulouse** avait demandé qu'il fût envoyé au Congrès deux délégués.

A ce moment plusieurs délégués échangent des explications.

Tours propose que la question soulevée par **Châlon-sur-Saône** soit renvoyée aux questions incidentes et qu'on s'en tienne pour l'instant à la proposition d'**Alger**.

Besançon admet le principe de l'envoi d'un délégué en Algérie, en faisant toutefois des réserves au sujet des frais qu'occasionnera la mise à exécution de ce projet qui devraient être limités en sorte de ne pas créer, pour les Bourses du Travail, une charge nouvelle par trop lourde.

Nice repousse la proposition d'**Alger** comme elle repoussera toute proposition ayant pour conséquence d'augmenter les charges des Bourses; elle préfère que la propagande soit faite par une des Bourses de la région intéressée.

Sur la question de **Dijon, Alger** répond qu'elle ne peut pas faire elle-même la propagande qu'elle demande, à la fois parce que ses ressources sont trop limitées et qu'il faut un camarade étranger connaissant à fond le mouvement économique. Il faudrait aussi qu'il profite du voyage pour visiter les Bourses comme Marseille et Béziers, qui ne seraient pas éloignées de rentrer dans la Fédération des Bourses. Or, le voyage circulaire sur le réseau français par Tours et Bordeaux coûterait 85 francs, le passage en Algérie 70 francs et le voyage dans l'Algérie 100 francs. Or, il a été dépensé l'année dernière pour frais de délégation 400 francs, cette année 350 francs. Mais la tournée à laquelle donnerait lieu le voyage d'Algérie supprimerait, pour le reste de l'année, toute autre délégation, sauf celle du Congrès. Par conséquent, avec la somme dépensée habituellement par le Comité fédéral, plus une contribution de 70 centimes à 1 franc par syndicat, la propagande serait accomplie. La seule condition serait que, étant donné l'état d'esprit des travailleurs algériens, le délégué s'abstint scrupuleusement de toute incursion sur le domaine politique.

Dijon craint que les contributions demandées pour le journal quotidien, pour la Confédération, etc., n'empêchent les Bourses d'assumer encore celle demandée pour la délégation en Algérie. **Dijon** ne pourrait voter plus de 10 francs.

Nevers repousse la proposition d'**Alger** parce qu'il craint que la Bourse ne puisse faire les sacrifices nécessaires. **Alger** pourrait peut-être organiser elle-même la propagande nécessaire dans sa région.

Saint-Etienne a voté 10 francs pour la délégation et demandé que le délégué fût choisi parmi les membres d'une Bourse du littoral. Mais devant l'extension proposée par **Alger**, **Saint-Etienne** accepte qu'on demande aux Bourses de faire voter une contribution de 75 centimes à 1 franc par syndicat adhérent.

Toutefois, **Saint-Etienne** désirerait que la délégation n'eût lieu que tous les deux ans.

Nice déclare qu'il s'efforcera d'obtenir de sa Bourse qu'elle prenne part à la contribution collective.

Châlon-sur-Saône appuie la proposition d'**Alger**, car il est nécessaire de faire toute la propagande possible.

Le Mans a voté 10 francs pour la délégation d'Alger. Elle considère que chaque Bourse pourrait en faire autant, sans préjudice de demander une contribution aux syndicats.

Cognac n'a pas de mandat sur la question.

Perpignan, répondant à **Dijon**, est d'avis que le délégué soit étranger à l'Algérie, car il aura, à ce titre, plus d'influence qu'un délégué du pays. **Perpignan** contribuera pour sa part aux frais de la délégation et souhaite que toutes les Bourses en fassent autant.

Tours considère que, les camarades algériens n'ayant jamais hésité devant aucun sacrifice pour venir en France, les Organisations françaises ont pour devoir de faire de même en faveur de l'Algérie. Il faut, de plus, que le délégué soit du continent.

Boulogne-sur-Mer a mandat de repousser la proposition d'**Alger** à cause des charges qu'elle nécessitera.

Grenoble contribuera aux frais de la délégation, mais elle désire que le délégué soit choisi dans une des Bourses du littoral de la Méditerranée.

Les ordres du jour suivants sont déposés :

Toulouse :

Propose de laisser au Comité fédéral le soin d'étudier la proposition soumise, dans les conditions et avec l'itinéraire indiqué par Alger.

Boulogne-sur-Seine :

Engage le Comité fédéral à se mettre en rapport avec les Bourses pour parfaire la somme nécessaire à la délégation d'Algérie.

Sur la proposition de **Grenoble**, on met d'abord aux voix la question de savoir s'il sera envoyé cette année une délégation en Algérie.

Votent pour : Rennes, Niort, Saint-Etienne, Tours, Nevers, Dijon, Limoges, Grenoble, Carcassonne, Clichy, Perpignan, Le Mans, Paris, Nimes, Cognac, Narbonne, Saint-Chamond, Montpellier, Besançon, Châlon-sur-Saône, Cholet, Boulogne-sur-Seine, Amiens.

Contre : Boulogne-sur-Mer, Angers (sans mandat sur la question).

Abstentions : Bourges, Toulouse, Alger, Nantes, Versailles, Rouen; Rouen et Toulouse déclarent qu'ils auraient voté personnellement la proposition, mais que, n'ayant pas de mandat, ils sont obligés de s'abstenir.

Nice demande qu'en raison de son mandat le Comité fédéral consulte à nouveau les Bourses.

Nimes voudrait que les Bourses n'aient qu'à compléter la somme que ne pourrait fournir le Comité fédéral.

Boulogne-sur-Seine rappelle qu'elle demande que les frais de la délégation soient supportés par les Bourses.

Montpellier demande qu'immédiatement le Comité fédéral consulte les Bourses pour savoir si elles sanctionnent et dans quelle mesure les déclarations des délégués.

Grenoble propose qu'on invite seulement le Comité fédéral à consulter, dès la clôture du Congrès, les Bourses fédérées pour savoir ce qu'elles peuvent faire pour réaliser la décision du Congrès.

Tours demande que le Comité fédéral fasse ressortir aux Bourses que le fait d'être fédérées n'implique pas seulement la dépense des délégations aux Congrès, mais aussi d'autres charges.

On met aux voix la proposition de **Boulogne-sur-Seine**. Elle est adoptée l'unanimité, moins Angers et Boulogne-sur-Mer.

Sur la demande de **Nevers,** le Congrès décide que le délégué sera choisi par le Comité fédéral.

Projet de caisse de retraites du citoyen Escuyer.

— **Alger** n'a pas l'intention d'ouvrir une discussion approfondie sur le projet que toutes les Bourses connaissent et que trente d'entre elles ont soutenu. Il demande seulement que si les Bourses veulent agir pratiquement elles étudient le projet Escuyer, prient leurs syndicats d'émettre leur avis à ce sujet et envoient les ordres du jour au Comité fédéral, qui les transmettrait au camarade chargé de soutenir le projet devant le Parlement. Il ne s'agit pas de savoir si le projet est réalisable ou non, il faut examiner s'il répond au désir de la masse ouvrière et, comme il est incontestable qu'il intéressera tous les travailleurs, il faut le soutenir et considérer que les retraites qu'il procurera aux travailleurs ne seront que la centième partie de ce que dépensent les travailleurs pour composer le budget national.

Saint-Etienne a adopté le projet Escuyer à titre de revendication minime, sans rien abandonner de la socialisation des moyens de production.

Châlon-sur-Saône estime que le projet Escuyer n'est qu'un palliatif. Le Congrès ne peut donc l'envisager que comme un thème d'agitation, et il importe de prévenir les travailleurs que le projet n'est pas, ne peut pas être une solution au problème social.

Alger répond que, de l'aveu du citoyen Escuyer lui-même, le projet n'est pas présenté comme quelque chose de définitif. Mais il est tellement intéressant, il dénote chez son auteur un tel sentiment d'humanité, il est si activement propagé par le citoyen Escuyer, que le Congrès des Bourses se doit à lui-même de l'accepter à mains levées.

Boulogne-sur-Mer accepte le projet, mais il y trouve une lacune : celle qui exclut du bénéfice des Caisses de retraites ou qui ne paraît pas y faire participer d'autres travailleurs que les salariés.

Alger présente l'ordre du jour suivant, qui est adopté à l'unanimité :

La solution des lois ouvrières demandant une agitation constante et continue, le Comité fédéral des Bourses du Travail devra poursuivre leurs réalisations en mettant en demeure le législateur de se prononcer sur les projets ci-après :

a. — Retraites ouvrières, projet Escuyer.

b. — Extension de la prud'homie à tous les travailleurs salariés des deux sexes.

c. — Suppression du travail des prisons et des ouvroirs.

d. — Suppression du marchandage.

e. — Modification à la loi du 2 novembre 1892.

f. — Suppression pure et simple des bureaux de placements.

g. — Le repos hebdomadaire.

Siège du prochain Congrès. — Grenoble et Dijon sont proposées comme siège du prochain Congrès.

Châlon-sur-Saône demande que la fixation du siège du Congrès soit laissée au Congrès corporatif.

Grenoble répond que si elle est désignée par le Congrès des Bourses, elle acceptera d'organiser tous les Congrès, mais que si elle devait être désignée par la Confédération, elle s'y refuserait.

Le Comité fédéral fait observer que les Bourses seules étant en mesure d'organiser les Congrès, c'est au Congrès de la Fédération des Bourses à en désigner le siège.

Boulogne-sur-Seine appuie pour la désignation de **Dijon**.

Dijon, à son grand regret, est obligée de retirer la demande faite l'année dernière, car elle craindrait de se trouver au dernier moment dans la situation où s'est trouvée cette année **Le Mans**.

Sur interpellation de **Nevers**, **Grenoble** répète qu'elle accepte l'organisation de tous les Congrès à la condition qu'elle soit désignée d'abord par la Fédération des Bourses.

Le Congrès décide, à l'unanimité, que le prochain Congrès aura lieu à **Grenoble**.

Tours demande que les Congrès futurs n'aient lieu que tous les deux ans.

Grenoble, sur interpellation, répond qu'elle acceptera d'organiser le Congrès aussi bien dans deux ans que dans un an.

Votent **pour** la proposition de **Tours** : Rennes, Niort, Saint-Etienne, Tours, Limoges, Grenoble, Clichy, Angers, Nantes. Nice, Nîmes, Saint-Chamond, Bourges. — 13 voix.

Contre : Boulogne-sur-Mer, Nevers, Alger, Carcassonne,

Perpignan, Toulouse, Le Mans, Paris, Cognac, Besançon, Chàlon-sur-Saône, Montpellier. — 12 voix.

Abstentions : Narbonne, Rouen, Versailles, Boulogne-sur Seine, Cholet. — 5 abstentions.

Le prochain Congrès aura donc lieu dans deux ans.

Rouen considère que la question n'ayant pas été portée à l'ordre du jour et la majorité n'étant que d'une voix, mieux aurait valu décider une consultation des Bourses.

Le Congrès décide que, sur la proposition de **Tours**, si le Congrès corporatif maintenait son prochain Congrès pour l'année 1898, le Comité fédéral fût autorisé à organiser à la même date le VIIe Congrès des Bourses.

Affaire le Mans-Broussouloux. — **Le Mans** rappelle qu'elle a saisi les Bourses du choix fait par Saumur du citoyen Broussouloux pour être représentée au Comité fédéral.

Le Mans n'a pas voulu par là contester l'autonomie des Bourses, mais elle considère que les conférences faites au Mans par Broussouloux ont été la cause de la suppression de la subvention demandée pour les Congrès. Ni le Comité fédéral ni Saumur n'ont répondu officiellement à cette circulaire. Le secrétaire fédéral, seul, a pris sur lui d'envoyer une lettre.

Le Mans donne lecture de cette lettre. Il ajoute que **Le Mans** n'avait nullement songé à mettre Saumur en demeure de remplacer Broussouloux; elle avait seulement pour but d'appeler l'attention des Bourses et de Saumur sur la situation.

Le Mans n'assistait pas au Congrès corporatif de Tours; il n'y vit donc pas Broussouloux et ne put protester contre sa présence.

Enfin, **Le Mans** est toujours restée à l'écart des organisations politiques. Elle a considéré que fédérée elle avait le droit de donner son avis sur une question qui lui paraissait intéresser la Fédération tout entière.

Le Mans conclut, en donnant lecture de la déclaration suivante :

Dans une circulaire de la Bourse du Mans, qui a été adressée à toutes les Bourses fédérées sur la nomination de Broussouloux comme délégué représentant la Bourse de Saumur au Comité fédéral, il est dit que la Bourse du Mans regrettait un tel choix dans la personne de Broussouloux. Comme nous n'avons pas atteint l'autonomie des organisations, il nous semble que les Bourses ont bien le droit de faire connaître leurs observations.

Nous regrettons que l'élément anarchiste cherche à s'infiltrer de plus en plus dans toutes les Organisations, et encore plus que les places prépondérantes soient accordées à ses partisans.

La Bourse du Mans croit devoir dire qu'il est temps de mettre un frein à ce mouvement. Ce qui nous a surpris encore plus dans cette affaire c'est que le citoyen Pelloutier n'a pas craint de répondre à titre officieux, quoique n'étant pas mandaté par le Comité, puisque le Comité ne se réunissait que le 27 et que sa réponse était du 19 août. Il prévenait dans cette réponse la Bourse du Mans que tout le Comité partagerait *certainement* les mêmes opinions que lui au sujet de Broussouloux et que lui-même professait les mêmes théories.

A ce point, nous avons constaté un acte d'autoritarisme de la part du secrétaire général de la Fédération des Bourses.

A la Bourse du Mans, nous disons que le jour où cet élément sera la majorité dans nos Organisations, il surgira une perturbation désastreuse pour le bon fonctionnement des Organisations prolétariennes syndicales.

Les faits que nous reprochons à Broussouloux sont ceux-ci : Lors de sa conférence à la Bourse, au mois de septembre 1896, il n'a traité l'organisation syndicale que sous forme de société de plaisir, où l'on consommerait telles ou telles choses et où le surplus des paiements serait versé dans une caisse de propagande. Nous sommes certains qu'avec cette organisation l'on s'occuperait plus de plaisirs que de toutes les questions économiques qui nous intéressent pour marcher vers notre émancipation. Et de plus, il a fait constamment l'apologie du journal *La Clameur* comme étant le journal ouvrier quotidien. Mais il n'a jamais fait ressortir que c'était ce journal que les Chambres syndicales devaient lancer par la voix de la Confédération générale du travail.

En avril 1897, précisément à la veille de notre demande de subvention, il a fait dans notre ville des conférences sur la patrie et la religion, chose que nous ne pouvions pas empêcher puisqu'il était en dehors de la Bourse. Mais, sur ce point, il est très regrettable que ce militant soit recommandé d'être mandaté de la Confédération pour faire ces conférences dans la région de l'Ouest, agissements qui nous ont fait subir un grand préjudice pour les Congrès que nous avions mission d'organiser pour donner plus d'essor aux Syndicats dans notre région.

Ainsi, voilà l'œuvre de ces militants !

Quant à l'attitude de la Bourse du Mans, relativement au rejet de notre subvention, au point de vue politique on semble vouloir lui imputer des menées à l'égard des pouvoirs publics. Nous pouvons répondre, sans crainte d'être démentis, que la Bourse du Mans ainsi que toutes les Organisations qui y sont adhérentes ne sont affiliées à aucune école politique, ce qui malheureusement pour notre bonne entente et la prospérité de nos Organisations n'est pas le cas de toutes les Organisations.

Si d'aucuns considèrent que lors du rejet de notre demande de subvention pour l'organisation des Congrès les Organisations mancelles auraient dû faire entendre leur protestation, nous, qui connaissons le milieu dans lequel nous vivons, mieux que quiconque, nous avons pu envisager la situation qui nous était créée par suite de ce refus. Et si nous avons jugé prudent de ne pas protester, c'est que très probablement, nous savions qu'au cas contraire c'eût été à bref délai, soit la supression de notre subvention, soit la fermeture complète des portes de notre Bourse du Travail.

En conséquence, quoique ne courbant pas l'échine, nous avons pensé, dans l'intérêt général, qu'il nous fallait conserver avant tout les forces de l'organisation que nous avons, au prix des plus durs efforts, pu acquérir au Mans.

Car il est bien certain que ce n'est pas les quelques compagnons du genre de Broussouloux qui, par la suite, nous fourniraient les fonds nécessaires au fonctionnement de nos Organisations, ressources qui, procurées tant par les municipalités et les départements, s'élèvent à un total de 332,120 francs, sans tenir compte des frais de location de ces immeubles, ainsi que de leur mobilier.

En conséquence, nous considérons que les forces ouvrières sont encore par trop faibles pour pouvoir se passer des ressources qui nous sont attribuées en tant que Bourses du Travail, et nous croyons que beaucoup sont du même avis.

C'est pourquoi nous entendons ne pas vouloir nous laisser prendre à la remorque des gens qui, pour leur glorification personnelle, propagent des idées qui, dans la Société actuelle, ne peuvent qu'être préjudiciables aux intérêts de ceux qui aspirent méthodiquement à un avenir meilleur lorsque, au contraire, il leur semble coordonner avec les mesures que la classe bourgeoise prend à notre égard.

En conséquence, nous insistons fermement pour que les délégués propagandistes du Comité fédéral comme de la Confédération générale du Travail se renferment strictement dans le mandat qui leur est confié pour faire les conférences économiques et s'abstiennent de satisfaire leur aspiration d'étude politique plus ou moins déterminée dont ils défendent le drapeau, cause des dissentiments et des désunions.

Le Délégué au Congrès.   *Le Rapporteur.*

N. RICHEN.   CHAUSSÉ.

Tours n'a jamais compris comment Saumur avait pu choisir Broussouloux pour les représenter au Comité fédéral, étant donné l'état d'esprit politique qui l'anime. **Tours** donne, en effet, lecture d'une réunion toute récente, tenue à Saumur sous les auspices de la Bourse du Travail, et dans laquelle, après avoir dit qu'il fallait faire du socialisme modéré, on a traité de policiers et d'anarchistes ceux qui préconisent la grève générale. Or, si Broussouloux avait tant soit peu de dignité, il s'empresserait de repousser la présentation de Saumur. D'autre part, le Comité fédéral devrait savoir si les membres sont syndiqués.

Nantes déclare qu'il est faux que Tulève ait noué de bonnes relations avec Broussouloux. Il a seulement et pour quelques instants conversé et trinqué avec lui.

Montpellier déclare qu'il n'est pas anarchiste, mais il considère qu'entre les conférences qu'a pu faire Broussouloux et la circulaire envoyée par Le Mans, c'est plutôt cette circulaire qui aurait fait œuvre de désorganisation. Depuis quand un délégué ne profite-t-il pas de son passage dans une ville, après avoir rempli son mandat, pour faire la propagande qui lui convient? Nous considérons que toute Bourse doit garder le droit de choisir pour la représenter qui lui convient. *(Applaudissements unanimes.)*

Tours est, comme Montpellier, partisan de la liberté absolue pour les Bourses de choisir leur représentant; mais il faut qu'elles le choisissent en toute connaissance de cause, sinon le Comité fédéral doit les éclairer.

Limoges demande seulement si le secrétaire fédéral a fait connaître au Comité la lettre qu'il a adressée au Mans.

Le **Comité fédéral** expose comment il a résolu l'incident Broussouloux et donne lecture du procès-verbal de la séance où cet incident a été discuté. Or, l'opinion du Comité fédéral, comme l'est celle du Congrès, ayant été : 1° que chaque Bourse a le droit de se faire représenter par qui lui convient; 2° que la Fédération n'a pas à connaître les opinions politiques de ses membres, et que, d'autre part, aucune preuve n'a pu être recueillie que Broussouloux ait fait œuvre de désorganisation, qu'au contraire il a créé un syndicat et a préconisé dans toutes ses conférences le groupement corporatif et la grève générale, le Comité a dû passer à l'ordre du jour sur la circulaire du Mans. Maintenant, est-il possible que, comme le propose **Tours**, le secrétariat fédéral donne des indications aux Bourses sur les opinions des candidats qui sollicitent la mission de les représenter? Evidemment non, car on ferait surgir des suspicions.

Le SECRÉTAIRE FÉDÉRAL expose ensuite comment, l'incident Broussouloux ayant soulevé la question du moyen de recrutement des membres du Comité, il a prouvé au Comité par l'examen de chacune des lettres relatives à la présentation des délégués actuels, que pas une fois il n'a abusé de son mandat pour recommander des candidats de son choix. Il invoque sur ce point le témoignage des secrétaires de Bourses présents au Congrès, **Tours, Narbonne, Alger, Perpignan,** qui confirment sa déclaration. Pour l'avenir, il n'y aura plus de suspicion possible, parce que, sur la demande même du secrétaire, il a été convenu qu'à chaque séance le Comité fédéral prendrait connaissance des Bourses sans délégué et établirait la liste des candidats que le secrétaire présenterait. Mais le secrétaire désirerait que, prenant en considération la preuve irréfutable faite devant le Comité fédéral, le Congrès se déclarât convaincu : 1° qu'il n'a jamais cherché à constituer une représentation fédérale qui ne reflétât pas l'opinion des Bourses ; 2° que les trois anarchistes membres du Comité ont été librement et sciemment choisis par les Bourses qu'ils représentent.

Limoges demande au Congrès de dire que le Secrétaire fédéral a mérité un blâme en répondant au Mans sans y avoir été préalablement autorisé par le Comité fédéral.

Paris constate, d'après les reproches contenus dans la lettre du citoyen Pelloutier au Mans, sur ce qu'elle veut améliorer *progressivement* les conditions du travail, sur ce qu'elle n'est pas révolutionnaire, etc., et d'après les reproches de même nature adressés à propos du conflit d'Angoulème, que le Secrétaire fédéral, loin de chercher à apaiser les incidents qui éclatent, ne fait que les envenimer. Il faut donc prendre des mesures pour empêcher à l'avenir de pareilles choses.

Châlon-sur-Saône dit que le Congrès ne peut pas admettre la façon dont pratique le Secrétaire fédéral; car on aurait ainsi un Comité fédéral où les Bourses qui se respectent n'auraient pas la représentation proportionnelle à laquelle elles ont droit. Il faut que le Congrès prenne des mesures énergiques pour qu'à l'avenir, le Secrétaire fédéral ne se serve pas de ses fonctions pour introduire dans le Comité des éléments qui ne représentent pas l'opinion des Bourses. Assurément, les anarchistes ont le droit de penser comme ils veulent et les Bourses ont le droit de se faire représenter par eux. Mais il ne faut pas qu'on les leur recommande.

Alger a désapprouvé la circulaire du Mans. Quant à la réponse du secrétaire, on ne peut lier les bras de celui qui est chargé du fonctionnement du Comité. Du reste, le secrétaire doit avoir la responsabilité de ses actes : à lui, s'il est blâmé, de se retirer. En tout cas, si l'on veut lui lier les bras, il faut bien préciser, sans quoi il n'y aurait plus de Fédération possible.

Grenoble estime que la Bourse de Saumur est libre de choisir qui lui plaît ; d'autre part, nous n'avons pas à voter d'ordre du jour de confiance, le secrétaire n'aura qu'à s'inspirer de la discussion.

Grenoble proteste contre la phrase dont s'est servie **Châlon-sur-Saône** pour qualifier les Bourses à cause du choix de leur délégué.

Rouen demande quels sont les moyens d'existence de Broussouloux et s'il est syndiqué.

Le citoyen Pelloutier répond qu'il est membre du Syndicat des Employés du département de la Seine et vend des vins.

Les citoyens Seigné et Capjuzan déclarent qu'ils ne le connaissent pas.

Le citoyen Delesalle déclare qu'il vit comme Sébastien Faure du produit de ses conférences.

Rouen reconnaît que c'est là un moyen d'existence.

Nimes ne peut pas admettre qu'un délégué d'une Organisation ouvrière puisse se servir de son titre ou de son mandat pour faire de la propagande qui n'ait pas le caractère exclusivement économique et corporatif.

Châlons-sur-Saône répond à **Grenoble** qu'en parlant des *Bourses qui se respectent* la parole a dépassé sa pensée.

Le président donne lecture des ordres du jour qui suivent :

Narbonne :

Demande le respect du principe de l'autonomie des Bourses, voté au Congrès de Nimes.

Besançon et Amiens :

Demandent que les délégués au Comité fédéral aient à déposer au plus tôt un certificat ou une preuve quelconque qu'ils appartiennent bien à un Syndicat ou à un Groupe corporatif.

Nimes et Rouen :

Proposent qu'en aucun cas, un délégué du Comité fédéral puisse se servir de son titre de délégué à la Fédération des Bourses du Travail de France et des Colonies. Dans le cas où une Bourse du Travail demanderait le nom d'un camarade pour la représenter au Comité fédéral, ce dernier aura à statuer sur la désignation d'un nom pour donner satisfaction à la Bourse intéressée.

Le SECRÉTAIRE FÉDÉRAL propose :

Le Congrès, après avoir entendu les déclarations du Secrétaire fédéral et enregistré la preuve faite devant le Comité fédéral, se déclare convaincu que le Secrétaire n'a point abusé de son mandat pour faire désigner par les Bourses du Travail des candidats de son choix.

Grenoble demande l'ordre du jour pur et simple.

Le SECRÉTAIRE FÉDÉRAL déclare l'ordre du jour pur et simple inacceptable, car, après les explications catégoriques qu'il a données sur la façon dont se recrutent les délégués au Comité fédéral, il a besoin de savoir si le Congrès le croit capable d'user de subterfuges pour constituer une représentation contraire à l'esprit des Bourses.

Grenoble explique sa demande d'ordre du jour pur et simple. Elle signifie que le Congrès tient compte des déclarations du camarade Pelloutier, des explications fournies sur l'incident de Saumur et du Mans, mais le camarade Pelloutier ne peut demander autre chose. A lui de comprendre l'intérêt général de l'œuvre qu'a pour but d'accomplir la Fédération des Bourses du Travail, et s'il observe toute la réserve qu'il doit observer, si les tendances du Comité fédéral s'atténuent, l'année prochaine nous verrons rentrer dans la Fédération les grandes Bourses qui s'en sont éloignées.

L'ordre du jour pur et simple est voté à l'unanimité, moins **Limoges** qui s'abstient.

Alger demande que les paroles de **Grenoble** qui précisent le sens donné à sa demande sur l'ordre du jour pur et simple figurent au procès-verbal.

Le Mans déclare qu'après les explications que viennent de formuler les délégués au Congrès, il peut certifier que la

Bourse du Mans restera, comme par le passé, adhérente à la Fédération afin de pouvoir continuer la lutte pour notre affranchissement.

Cette déclaration est accueillie par d'unanimes applaudissements.

La Bourse du Travail de Tours. — **Tours** expose au Congrès la situation faite à sa Bourse du Travail par les intrigues d'une coterie qui, jalousant la propagande active faite dans tout le département l'**Indre-et-Loire**. voudrait ruiner la Bourse et y substituer une organisation absolument entre les mains de la municipalité.

A cet effet, elle a établi et met tout en œuvre pour faire accepter le projet suivant publié, dans le journal *La Dépêche*. de Tours, le 28 août dernier.

Le camarade POMMIER donne lecture de l'article qui soulève l'indignation des membres du Congrès.

Le **Comité fédéral** fait ressortir à quel point l'organisation ainsi proposée est contraire aux principes qui animent toutes les Bourses et, par conséquent. quel intérêt ont les Bourses à flétrir et à combattre les manœuvres des politiciens de Tours.

Le Congrès adopte à l'unanimité et décide que le Comité fédéral enverra à tous les journaux corporatifs et socialistes. ainsi qu'au Congrès qui s'ouvrira le 26 courant à Angoulème. l'ordre du jour suivant, présenté par **Rouen :**

Le délégué des Bourses du Travail de France et des Colonies. réunis au Congrès de la Fédération des Bourses du Travail de France, tenu à Toulouse les 15, 16, 17 et 18 septembre, après avoir entendu divers orateurs au sujet des attaques dont est l'objet la Bourse du Travail de Tours et particulièrement de son Secrétaire général de la part d'une coterie politique. protestent énergiquement contre l'attitude de ces quelques rénégats, félicitent la Bourse du Travail de Tours d'avoir couvert par des protestations énergiques son Secrétaire général, approuvent ce dernier dans la lutte qu'il poursuit pour les revendications sociales et prolétariennes et l'engagent à persévérer dans cette voie d'émancipation qu'il s'est tracée depuis longtemps.

L'ordre du jour présenté est adopté à l'unanimité. Le Congrès décide de le tirer à l'autocopiste et de l'envoyer aux journaux corporatifs; aux Bulletins des Bourses, à la *Petite République,* à la *Lanterne* et à l'*Intransigeant.*

Le Congrès adopte également, après explications, l'ordre du jour suivant, présenté par **Nice :**

Les syndicats ouvriers adhérents à la Bourse du Travail de Nice engagent les délégués au Congrès de la Fédération des Bourses du Travail de France et des Colonies, à faire part à leurs secrétaires respectifs de ne correspondre à l'avenir qu'avec le conseil d'administration de cette Bourse, ne voulant reconnaître en quoi que ce soit un mandataire de l'administration municipale pour régir les affaires des travailleurs adhérents à une Bourse de Travail.

Le **Comité fédéral** propose au Congrès de décider que désormais le Secrétaire fédéral sera accompagné à chaque Congrès des Bourses par un autre membre du Comité.

Limoges demande que si l'on accepte la proposition du Comité fédéral, le délégué qui accompagnerait le Secrétaire fédéral, soit le délégué de la ville où se tient le Congrès.

Alger et **Grenoble** acceptent la double délégation, mais à condition que le Comité fédéral choisisse qui lui conviendra comme second délégué.

Leur proposition est adoptée à l'unanimité, moins trois voix.

Le Congrès émet ensuite les vœux suivants :

Boulogne-sur-Seine :

Le Congrès de Toulouse exprime le vœu de voir toutes les Bourses du Travail subventionnées par les municipalités.

Nimes :

Invite le Congrès à confirmer la décision du Congrès de Tours consistant à donner en 1900, à Paris, et à la même époque que le Congrès international, les Congrès nationaux et internationaux corporatifs.

Nimes :

Propose d'inviter les Bourses du Travail à publier un Bulletin sur un format uniforme, de préférence celui en brochure, ainsi que le vœu en avait été formé au Congrès de Tours, l'année dernière.

Perpignan :

Le Congrès, sur la proposition de la Bourse de Perpignan, parlant au nom de tous les syndicats qui la composent, émet le vœu qu'un conseil de Prud'hommes soit créé dans cette ville où cette juridiction s'impose pour réprimer les abus toujours croissants du patronat.

Perpignan :

Le syndicat des travailleurs de terre, adhérent à la Bourse du Travail, vivement ému de l'émigration des ouvriers espagnols dans les Pyrénées-Orientales, qui travaillent pour un prix dérisoire, émet le vœu que la convention consulaire de 1867, qui règle les rapports entre la France et l'Espagne, soit appliquée dans toute son intégralité.

Perpignan :

Au nom du Syndicat des employés limonadiers, restaurateurs et similaires, demande que le Congrès s'associe au mouvement créé pour l'abolition du pourboire qui permet aux patrons de ne point payer ses employés et de les avilir.

Perpignan :

Au nom du Syndicat des ouvriers coiffeurs de cette ville, demande que la question des Bureaux de placement soit reprise, malgré le rejet du projet de loi présenté par des membres avancés du Parlement.

Saint-Etienne et Besançon :

Les Congrès futurs des Bourses du Travail ne s'occuperont exclusivement que des questions d'ordre purement administratif et d'intérieur, ainsi que des améliorations à apporter dans leur fonctionnement, de façon que dans les grandes lignes il y ait concordance et uniformité entre elles autant que possible dans les divers services qu'elles comportent.

Nantes, concernant la marine marchande :

Le Congrès de la Fédération des Bourses du Travail, représentant quarante-cinq Bourses du Travail, qui comptent dans leur sein plus de cinq cents syndicats adhérents, après avoir entendu les diverses explications du délégué de Nantes, concernant le rapport adressé à la sous-commission parlementaire sur la marine marchande, au nom des syndicats et groupes corporatifs des ouvriers de Nantes, ratifie entièrement la protestation qui a été votée à la Bourse du Travail de Nantes dans sa séance du 8 juillet 1897,

Approuve absolument la conduite des syndiqués Nantais sur cette question et proteste avec eux contre la décision de la Chambre de Commerce de Nantes qui aurait dû consulter les premiers intéressés : la classe ouvrière qui peine et qui sue pour enrichir des spéculateurs indignes du nom de Français et d'honnêtes gens.

Besançon et Amiens :

Qu'à l'avenir, dans les prochains Congrès, il ne soit plus discuté de questions de personnalités comme dans le présent Congrès.

Le Congrès adresse enfin tous ses remerciements à la Bourse du Travail et à la Commission d'organisation de Toulouse, pour la bonne organisation; puis le PRÉSIDENT clot le Congrès au cri de : Vive la Révolution sociale !

ERRATUM

Une erreur nous a fait omettre l'ordre du jour suivant, présenté dans la séance du 15 septembre soir, par les Bourses de Toulouse et de Cognac et ratifié par le Congrès :

« Le Congrès de la Fédération des Bourses du Travail de France, séant à Toulouse, à l'ouverture de ses travaux envoie aux ouvriers mécaniciens de Londres l'expression de sa solidarité pour la revendication de la journée de huit heures, et compte que ce *desiderata* de la classe ouvrière, obtenu par les camarades anglais, sera le point de départ de son obtention pour les ouvriers des deux Mondes ».

RAPPORT

Pour l'Exercice 1896-97

SUR LES TRAVAUX DU COMITÉ FÉDÉRAL

Toulouse, 15-18 Septembre

PRÉSENTÉ AU VIme CONGRÈS NATIONAL

———

Depuis notre dernier rapport (30 juin 1896), quelques modifications se sont produites dans les Bourses du Travail. Des Bourses nouvelles ont été créées (Bourges, Carcassonne, Constantine):

BOURSES	Syndicats adhérents	Syndicats payants	BOURSES	Syndicats adhérents	Syndicats payants
Fédérées			*Report*.........	345	243
1. Aix..............	13	13	26. Paris.............	65	35
2. Alger...........	12	12	27. Perpignan.......	10	10
3. Amiens.........	7	7	28. Le Puy.........	5	5
4. Angers..........	29	23	29. Rennes.........	17	17
5. Besançon.......	17	17	30. Romans.........	8	6
6. Boulogne–sur-Mer	12	10	31. Rouen.........	21	
7. Boulogne–s.-Seine	5	5	32. Saint-Etienne....	35	35
8. Bourges........	8		33. Saint-Chamond ..	5	
9. Carcassonne.....	5	5	34. Saumur.........	10	6
10. Châlon–sur-Saône	6	5	35. Toulon.........	21	15
11. Cholet..........	6	6	36. Toulouse........	45	45
12. Clichy..........	2	2	37. Tours...........	14	10
13. Cognac.........	15	10	38. Valence.........	8	8
14. Commentry......	2		39. Versailles........	11	5
15. Dijon..........	15	15	40. Villeneuve-s.-Lot.	7	
16. Grenoble........	22	22			
17. Limoges........	35		**Non fédérées**	627	440
18. Le Mans........	19	13			
19. Montpellier......	25	20	41. Angoulême......	9	
20. Nantes..........	29		42. Béziers..........	25	
21. Narbonne.......	9	9	43. Bordeaux........	52	
22. Nevers	8	8	44. Constantine......	7	
23. Nice.............	19	18	45. Lyon	62	
24. Nimes..........	10	10	46. Marseille	67	
25. Niort	15	13	47. Saint-Nazaire	13	
A reporter......	345	243		862	

d'autres, en nombre égal, n'ayant depuis l'année dernière fourni aucune preuve de vitalité, peuvent être considérées comme dissoutes (Roanne, Saint-Girons, Saint-Denis). Actuellement les Bourses du Travail sont au nombre de quarante-sept.

De ces quarante-sept Bourses, quarante sont fédérées. Il nous a paru intéressant et utile de donner cette année dans notre nomenclature habituelle des Bourses et de leur effectif syndical, non-seulement la quantité de Syndicats adhérents, telle que l'indiquent les renseignements particuliers du Comité fédéral ou les statistiques de l'*Office du Travail*, mais encore le nombre de Syndicats qui payent la cotisation prélevée par la Fédération. De la sorte, nous connaîtrons en même temps l'effectif complet de l'armée syndicale, et, dans cette armée, le nombre réel de soldats pourvus de munitions — avec cette réserve, d'ailleurs, que, parmi les Syndicats ne payant pas la cotisation fédérale, beaucoup le font par ignorance du rôle de la Fédération ou simplement par négligence, plutôt que par manque de ressources.

Les quarante-sept Bourses du Travail existantes comptent donc ensemble 862 Syndicats. Les quarante Bourses fédérées en comptent 627 (soit 72,76 %), sur lesquels 440 (soit 75 %) paient la cotisation fédérale.

Trois Bourses, avons-nous dit, se sont constituées pendant le cours de l'exercice 1896-97. Deux d'entre elles ont adhéré à la Fédération : Bourges et Carcassonne, et la seconde vient d'effectuer son premier versement. Quant à la troisième, celle de Constantine, elle adhèrera (l'engagement en a été pris par son conseil d'administration) dès qu'elle aura pu occuper l'immeuble que fait aménager pour elle la municipalité.

Les Bourses fédérées ont connu les détails du différend qui s'est élevé l'année dernière entre la Bourse d'Angoulême et le Comité fédéral. Nous allons les rappeler brièvement, tels que les énumère une circulaire envoyée le 1er janvier 1897 aux administrateurs de la Bourse, pour montrer d'abord qu'ils ne peuvent être imputés ni au Comité ni au secrétaire fédéral, et rappeler ensuite aux secrétaires des Bourses que leur première tâche en occupant cette fonction, est de pénétrer les rouages de l'organisation corporative pour éviter toute confusion entre les diverses entreprises du prolétariat.

Un délégué du Comité d'action pour l'édification de la Verrerie ouvrière devait faire à Angoulême une conférence. Sur la demande du citoyen L. Chollet, secrétaire de la Bourse du Travail, le secrétaire du Comité de la Verrerie promit que le délégué s'abstiendrait, pendant sa conférence, de toute incursion sur le domaine politique. Mais le délégué n'ayant, paraît-il, pas absolument tenu la promesse faite en son nom, le citoyen Chollet profitant de ce que le secrétaire du Comité de la Verrerie était également le secrétaire de la Fédération des Bourses du Travail, obtint de la Bourse d'Angoulême qu'elle se retirât de la Fédération.

Le Comité fédéral, ému de cette décision injustifiée, fournit au citoyen Chollet toutes les explications utiles sur la différence qui existait entre le Comité de la Verrerie et le Comité fédéral des Bourses du Travail. Ces explications étaient-elles suffisantes ? Oui, pour toute personne qui n'eût pas eu l'intention arrêtée d'abandonner une association considérée comme inquiétante par un conseil municipal réactionnaire; non, pour le citoyen Chollet qui, craignant de déplaire aux élus opportunistes d'Angoulème, confirma le 10 août 1896 la regrettable décision prise, par l'étonnante lettre qui suit :

« Nous avons épluché les lettres qui nous avaient été adressées
« par le citoyen Pelloutier ; nous avons bien remarqué que l'en-
« tête portait : **Comité d'Action de la Verrerie Ouvrière**, etc. ;
« mais les lettres que nous avons adressées dans cette affaire ont
« toutes été adressées au citoyen Pelloutier, *secrétaire de la Fédé-*
« *ration des Bourses du Travail...* Vous voyez qu'il y aurait encore
« mauvaise foi de la part du citoyen Pelloutier de vouloir se
« retrancher derrière l'entête des lettres et la signature. Son
« devoir de secrétaire de la Fédération des Bourses était, d'après
« nous, de nous faire remarquer qu'il n'agissait pas au nom de
« la Fédération, mais bien au nom du Comité d'action de la Ver-
« rerie Ouvrière de Carmaux... »

D'aussi étranges réflexions coupaient court à toute correspondance nouvelle. Aussi, le Comité fédéral se borna-t-il à saisir (1er janvier; circulaire n° 3) chacun des administrateurs de la Bourse d'Angoulème, de l'erreur dans laquelle on l'avait fait tomber. Mais il semble que le désir de complaire à la municipalité de la ville ait contrebalancé dans l'esprit des administrateurs de la Bourse le devoir de solidarité, car le Comité fédéral n'a reçu aucune réponse à sa circulaire.

A notre avis, le cas d'Angoulème est insoluble, et le VIe Congrès fédéral ne peut qu'attendre le jour, où, plus éclairés sur l'action socialiste, les travailleurs fédérés d'Angoulème confieront l'administration de leurs intérêts syndicaux à des socialistes.

Tout autre est le cas de Saint-Nazaire, démissionnaire depuis le 19 avril. Des explications, un peu obscures, fournies par le camarade Domenge, secrétaire de cette Bourse, il résulte que la démission des Syndicats de Saint-Nazaire aurait eu pour cause le peu de concours trouvé dans le prolétariat français et aussi dans la Fédération des Bourses du Travail, en faveur des nombreuses victimes faites par la crise de la construction navale pendant tout le cours de l'hiver dernier. Or, les procès-verbaux du Comité fédéral ont appris aux Bourses que, non-seulement la Fédération, mais même le délégué de la Bourse de Saint-Nazaire, avaient ignoré, jusqu'à réception de la lettre de démission, le chômage dont souffraient les syndicats nazairiens. Ce n'est même que postérieurement à cette lettre qu'on connut par un journal nantais le nombre considérable des chômeurs et les efforts faits par la Bourse pour atténuer les conséquences désastreuses de la crise industrielle.

Comment donc, ignorant les événements qui s'étaient accomplis à Saint-Nazaire, le Comité fédéral aurait-il pu en saisir les Bourses? Comme ce malentendu est la seule cause de mésintelligence existant entre la Bourse et la Fédération, le Comité fédéral prie le Congrès de vouloir bien inviter la Bourse de Saint-Nazaire à retirer sa démission.

On connaît les événements à la suite desquels la municipalité de Bordeaux, désirant s'attacher les syndicats bordelais indépendants, dut leur rendre la Bourse municipale sans aucune des conditions qu'elle avait posées tout d'abord. Ce résultat heureux d'une lutte longue et difficile, suivant de près l'encouragement moral donné par notre Congrès de Tours aux ouvriers de Bordeaux, nous faisait espérer, non par l'adhésion de la nouvelle Bourse, puisque, composée des éléments de la Bourse indépendante, elle allait simplement, pensions-nous, poursuivre les relations anciennes, mais une collaboration plus active à l'œuvre de groupement corporatif, que s'est imposée la Fédération des Bourses du Travail.

Et quand les citoyens Clerc et Saissac, l'un secrétaire, l'autre administrateur-délégué, nous demandèrent communication des statuts fédéraux, il nous parut évident que cette demande n'avait pour but que d'édifier sur notre rôle ceux des Syndicats de la Bourse actuelle qui composaient la Bourse officielle.

Notre espoir fut déçu. Peu de temps après, le citoyen Clerc notifiait au Comité fédéral que la Bourse de Bordeaux ne jugeait pas utile d'adhérer à la Fédération. Quelle a été la cause de cette détermination ? nous n'avons pu le savoir (1). Mais il nous semble que des décisions aussi injustifiées que celles d'Angoulême et de Bordeaux méritent l'attention du Congrès.

Le rôle principal du Comité fédéral est de travailler à l'extension de la force et du nombre des Bourses du Travail. Mais ce rôle, il ne peut le remplir qu'à condition de posséder des ressources, et il ne peut trouver de ressources que dans les Bourses déjà créées et suffisamment conscientes de la nécessité du groupement corporatif pour ne pas hésiter à y consacrer une part de leurs revenus. Or, est-il admissible que sans motifs valables, les Bourses constituées, fortifiées, ou encouragées par l'ensemble des Bourses fédérées puissent, sorties de la période difficile, se soustraire purement et simplement, non-seulement au devoir de reconnaissance pour les témoignages de solidarité (matérielle ou morale) qu'elles ont reçus, mais et surtout aux sacrifices indispensables pour achever, en face de l'armée capitaliste, l'organisation des Travailleurs ? — Nous ne demandons cependant pas des mesures de rigueur, car il ne conviendrait pas plus aux Bourses habituées à accomplir le devoir de solidarité de la marchander aujourd'hui, en s'offensant d'un manque irréfléchi de reconnaissance, qu'il ne convient aux autres d'oublier le concours trouvé dans les moments pénibles. Ce qui nous paraît utile, c'est que (toute proposition de rigueur systématiquement écartée) le Congrès dise aux Bourses que toute divergence de vues, tout regret de sacrifices, tout froissement d'amour-propre doivent s'effacer devant la grandeur de la tâche assumée par notre Fédération, et que les sacrifices à faire devant être faits pour hâter l'éducation populaire et accélérer l'évolution sociale, aucune Bourse ne doit sacrifier l'œuvre commune à des préoccupations personnelles.

Une mesure plus sévère, pourtant, doit être prise à l'égard de

(1) Tout cela était écrit lorsque nous avons reçu (16 juillet) de Bordeaux une lettre nous informant que l'adhésion à la Fédération était remise sur le tapis et nous demandant : 1° si la Fédération possède d'autres statuts que ceux modifiés l'année dernière à Tours ; 2° *s'il est exact que le Comité fédéral prélève sur les cotisations des Bourses 5 % pour la propagande en faveur de la grève générale ?* En même temps diverses Bourses nous avisaient de la réception d'un questionnaire.
Nous espérons que les explications fournies par les Bourses et par le Comité fédéral auront satisfait les camarades de Bordeaux.

Limoges qui, bien que largement subventionnée, a suspendu le paiement des cotisations fédérales, sous prétexte que, *plaçant à la caisse d'épargne l'intégralité des cotisations de ses Syndicats*, elle n'a pas trop de toute la subvention municipale pour prendre le développement dont elle est susceptible. Assurément, il est d'une prudence élémentaire pour les Bourses subventionnées de se créer un fonds de réserve en prévision des jours difficiles, et le Comité fédéral se félicite de n'avoir pas été étranger à la décision de Limoges, mais cette prudence ne doit pas faire oublier le devoir de solidarité, qui est, pour les Bourses formées, d'aider à la création d'autres Bourses. Nous appelons tout particulièrement l'attention du Congrès sur le cas de Limoges.

Ces observations préliminaires terminées, examinons l'œuvre du Comité fédéral pendant l'exercice 1896-97. Cette œuvre est assurément moins importante que celle accomplie pendant l'exercice précédent ; et cela tient à ce que les Bourses, assidues à répondre aux lettres, le sont beaucoup moins pour accomplir les travaux de quelque importance, nécessaires à la tâche du Comité fédéral ! Pourquoi, par exemple, les Bourses, déjà priées par notre rapport de l'année dernière de prendre part à l'enquête prescrite successivement par les Congrès de Lyon et de Nimes, sur les bureaux de placement et le travail des prisons, n'ont-elles pas fait mieux cette année que précédemment ? Sans doute parce que dans la plupart d'entre elles le secrétaire, seul chargé de tous les travaux spéciaux à la Bourse est souvent obligé d'accomplir ces travaux après le labeur personnel, est dans l'impossibilité d'assurer une tâche étrangère, longue et difficile. Mais pourquoi les Bourses qui se trouvent dans ce cas ne constituent-elles pas, à l'exemple de Saint-Étienne, des commissions spécialement chargées : les unes de la statistique locale, les autres de la statistique générale et des études économiques diverses trop négligées ? De la sorte (et en complétant les travaux de ces commissions par une discussion générale mensuelle des rapports rédigés), les travailleurs syndiqués acquerraient les connaissances économiques sans lesquelles le Syndicat n'est pas autre chose (et c'est peu) qu'un bureau de placement.

Une seule des trois enquêtes confiées au Comité fédéral a pu être menée à bien ; c'est celle qui concernait les causes d'inapplication de la loi du 2 novembre 1892. Le rapport auquel elle a donné lieu n'a été publié que dans une revue ouvrière, le Comité fédéral ne se jugeant pas autorisé, à raison de l'impossibilité d'établir les deux autres, à le faire imprimer.

Dans notre rapport au Congrès de Tours, nous nous étions assez longuement étendus sur la nécessité pour les Bourses de se développer en s'incorporant les Syndicats de leur région que l'isolement empêche de se fédérer localement. Le rapport que doit présenter au Congrès de Toulouse chaque Bourse sur son fonctionnement nous dispense d'indiquer ici ce qui a été fait dans cette voie. Nous nous contenterons donc de signaler l'incorporation à la Bourse de Nimes du Syndicat des Ouvriers agricoles d'Aygues-Mortes, à celle d'Amiens l'incorporation des Syndicats des Mouleurs et des Métallurgistes d'Albert, à celle de Dijon l'incorporation de divers Syndicats de la Côte-d'Or, notamment ceux de Comblanchien, de Pouilly-sur-Saône, de Renazé. Combien d'autres Bourses, dans le ressort desquelles évoluent un certain nombre de Syndicats sans cohésion, ou de Fédérations minuscules sans activité, auraient intérêt à constituer des ligues départementales capables de contrebalancer l'union avouée ou tacite réalisée par les industriels ?

La propagande syndicale du Comité a été importante. Le mouvement corporatif lui doit d'abord la création du Syndicat des Métallurgistes d'Albert, puis les conférences de Clichy et de Dunkerque, qui malheureusement n'ont pas produit tout le succès désirable. La conférence de Dunkerque avait été organisée à l'occasion du 1er Mai. Le délégué rapporta de son voyage, pendant lequel il s'était efforcé de faire admettre la création d'une Bourse du Travail indépendante, cette impression que les travailleurs dunkerquois étaient beaucoup trop préoccupés de l'action politique pour ne pas négliger l'action économique. A l'instigation du représentant de Boulogne-sur-Mer, le Comité fédéral pria cette Bourse de lui envoyer un rapport sur l'état d'esprit des ouvriers de Calais et de Dunkerque, les chances qu'il pourrait avoir de créer dans ces deux centres un mouvement ouvrier, les moyens qu'il devrait employer. Il demanda, en outre, si Boulogne-sur-Mer voudrait se charger de la propagande préparatoire. Comme l'avait craint le Comité, Boulogne-sur-Mer répondit que les diverses tentatives déjà faites pour créer à Calais une Bourse du Travail avaient échoué par la mauvaise volonté de politiciens locaux qui, possesseurs d'estaminets où se réunissent les Syndicats, ne voulaient pas se voir déposséder par une Bourse du Travail d'une fructueuse clientèle. Et Boulogne-sur-Mer ajoutait : « Les Syndicats calaisiens réservent toutes leurs forces pour la politique, et ceux de Dunkerque menacent de faire de même. »

L'essai fait par le Comité fédéral n'était, du reste, pas le premier. Déjà, à une époque où la division venait de se mettre entre certains membres du Conseil municipal de Calais, il avait envoyé à un conseiller indépendant, qui croyait l'instant favorable pour créer une Bourse, tous les documents utiles. Cette première tentative avait échoué. Il en avait été de même à Dunkerque où la bonne volonté du Syndicat des Métallurgistes s'était heurtée à l'indifférence (pour ne pas dire plus) des socialistes locaux.

Le Comité fédéral a dû intervenir plusieurs fois en faveur de Bourses faibles et de Syndicats menacés par la lutte ouvrière. Les Bourses se rappellent la situation pénible faite à nos camarades de Versailles par le Conseil municipal. Celui-ci, saisi d'une demande de subvention, avait déclaré qu'une Bourse était inutile, l'administration mettant à la disposition des Syndicats les salles dont ils ont besoin, l'élément ouvrier de Versailles étant d'ailleurs peu important et le nombre des syndiqués atteignant à peine le quart des électeur prud'hommes. Et bien que ces raisons, loin de rendre inutile la création d'une Bourse, en démontrassent précisément l'utilité, le Conseil municipal avait refusé la subvention demandée. C'est alors que les Bourses affirmèrent une fois de plus leur solidarité en envoyant aux treize Syndicats de Versailles les subsides suffisants, non pas pour leur permettre d'exister sans efforts personnels, mais pour leur rendre le courage presque perdu et l'énergie qui enfante les grandes œuvres. On verra par notre rapport financier que, comprenant son devoir, Versailles s'est empressée de donner au Comité fédéral sa quote-part des ressources destinées à rendre à d'autres le service qu'elle avait reçu.

Un appel en faveur de la Chambre syndicale des teinturiers et apprêteurs d'Amiens a trouvé le même concours. Plus de deux cents francs ont été recueillis qui, sans tirer d'embarras les ouvriers d'Amiens, les encourageront aux derniers sacrifices nécessaires pour faire face à leurs engagements.

Le Comité fédéral eut à examiner cette année si le discrédit dans lequel est tombée la manifestation du 1er Mai lui permettait d'adresser aux Bourses, pour publier un nouveau manifeste au prolétariat, l'appel qui l'an dernier obtint un si éclatant succès. Les caisses des Bourses sont fort obérées, et la fréquence des conflits entre travailleurs et industriels qu'elles ont à soutenir, commande au Comité fédéral une extrême réserve dans ses appels. D'autre part, et sous l'influence de causes multiples, mais dont les travailleurs ne sont pas responsables, la manifestation du 1er Mai a cessé de répondre aux besoins du prolétariat. Fallait-il donc solliciter une fois de plus les Bourses pour un manifeste qui risquait de laisser indifférente, non seulement la classe bourgeoise (ce qui aurait peu importé) mais la classe ouvrière elle-même ; ou bien devait-on laisser intactes les modiques ressources des Syndicats pour les conflits du lendemain ? Le Comité fédéral penchait pour ce dernier parti. Néanmoins il crut devoir en référer aux Bourses, en leur faisant entendre que, si elles devaient affirmer une fois de plus leur esprit de sacrifice, lui, du moins, n'hésiterait pas à dire pourquoi la manifestation révolutionnaire du 1er Mai, sur laquelle le prolétariat fondait naguère tant d'espérances, était devenu une fête — la fête de l'esclavage économique ! Toujours généreuses, les Bourses ne voulurent point de récriminations et préférèrent s'abstenir du manifeste.

Parmi les questions soumises à l'examen du Congrès de Toulouse, il en est deux dont nous devons parler ici. La première concerne le siège fédéral. Les Bourses se rappellent que, pour la quatrième fois, le siège du Comité fut maintenu l'année dernière à Paris. Beaucoup d'entre elles avaient même manifesté une certaine surprise de voir figurer constamment cette question à l'ordre du jour de nos Congrès. L'an dernier, enfin, il fut stipulé que, le siège fédéral étant encore fixé pour une année à Paris, le Comité aurait à consulter dans le plus bref délai les Bourses fédérées pour indiquer au Congrès prochain quelle décision définitive il devait prendre. Cette consultation a eu lieu et 25 Bourses y ont répondu.

Sur ce nombre, 24 ont déclaré ne pouvoir assumer la responsabilité d'organiser le Comité fédéral. Ce sont : Nevers, Angers, Versailles, Rennes, Clichy, Niort, Issy-les-Moulineaux, Aix, Boulogne-sur-Seine, Alger, Saint-Nazaire, Chollet, Le Puy, Boulogne-sur-Mer, Besançon, Amiens, Tours, Nîmes, le Mans, Cognac, Narbonne, Perpignan, Nantes et Dijon.

La vingt-cinquième (celle de Saint-Etienne) s'est déclaré en mesure de constituer le Comité fédéral, si la Fédération voulait lui en confier la tâche.

Pour permettre au VIe Congrès de se prononcer sur le résultat de cette consultation, nous croyons utile d'indiquer les Bourses qui n'ont pas fait connaître leur avis, en donnant entre parenthèses le vote qu'elles émirent sur la question aux Congrès de Nîmes et de Tours et en espérant que d'ici au 15 septembre (date du Congrès de Toulouse) elles se prononceront elles-mêmes.

Châlon-sur-Saône (Paris), Montpellier (Paris), Saumur (Paris), Nice (Paris), Toulouse (Paris), Paris (Paris), Bordeaux (Paris), Rouen (Paris), Villeneuve-sur-Lot (Paris); Grenoble, Toulon et Limoges (pour le transfert chaque année dans la ville où a eu lieu le Congrès).

Sur les trois Bourses complétant la Fédération, une (Valence), qui n'a pas répondu à la consultation, n'était représentée ni à Nîmes, ni à Tours. Les deux autres (Bourges et Carcassonne) ont adhéré tout récemment à la Fédération et n'ont pas été consultées.

La deuxième question soumise au Congrès de Toulouse, émane de la Bourse de Toulouse elle-même et concerne les rapports à établir entre la Confédération générale du Travail, d'une part, et d'autre part, les Bourses ou la Fédération.

Le Comité fédéral aurait été heureux que les Bourses fussent assez au courant de la situation pour pouvoir statuer sans avoir besoin de demander l'avis de leurs représentants à Paris. Il n'en est malheureusement pas ainsi, et sur une circulaire récente de la Confédération (touchant précisément ses rapports avec les Bourses du Travail), quelques Bourses se sont empressées de nous demander notre opinion.

Voulant éviter toute apparence d'hostilité souterraine, nous nous sommes retranchés derrière la décision prise par le Congrès de Tours et la possibilité qu'auraient les Bourses de trancher la question au Congrès de Toulouse. Il nous paraissait, en effet, nécessaire de réserver notre opinion pour ce rapport, dont le caractère public nous gardera de toute suspicion fâcheuse. Aujourd'hui nous déclarons nettement, comme nous l'avons fait à Tours, que nous ne croyons pas *actuellement* viable un organisme du genre de la Confédération. A notre avis, aucun « conseil national » n'est capable, à moins de compter trois cents membres et de posséder un budget d'Etat, d'accomplir le programme donné à la Confédération ; et un Conseil modifié comme il devait l'être, serait une assemblée dangereuse ou inutile : dangereuse, en constituant cette dictature prolétarienne dont pouvait s'accommoder les conspirateurs politiques de 1830 ou de 1848, mais qui ne répond pas aux idées de liberté et d'initiative personnelle adoptées par le prolétariat contemporain ; ou inutile, en sombrant dans un parlementarisme, pire peut-être que le parlementarisme bourgeois.

Est-ce que, d'ailleurs, malgré leur incontestable force, nos Syndicats ne sont pas trop faibles encore pour qu'on songe à autre chose que les instruire, les fortifier et leur donner conscience de leur mission ? Et, par suite, la tâche actuellement nécessaire n'est-elle pas, avant tout, de grouper les milliers de travailleurs (la majorité, hélas !) encore étrangers au groupement corporatif, d'éclairer les syndiqués indifférents et d'empêcher le découragement de s'emparer des syndiqués actifs !

Nous ne pouvons ni exposer, ni même esquisser dans ce bref rapport notre conception du mode d'organisation qui nous semble à la fois utile et actuellement possible. Cet exposé ne peut être fait que devant le Congrès. Nous nous bornerons donc à dire que, pour donner aux questions d'intérêt général, *et surtout aux grèves*, une solution heureuse, il importe de constituer, non pas un Conseil national permanent, c'est-à-dire, un organisme voué, pour mille causes, à la plus complète impuissance, mais un Comité temporaire de toutes les Fédérations nationales, arrêtant une tactique commune et assurant à la Fédération qui se trouve en lutte avec le capital, la solidarité collective qui a trop souvent manqué jusqu'à ce jour. De la sorte les grèves acquerraient une telle puissance, les ouvriers organisés trouveraient un tel appui, qu'aussitôt surgiraient partout des Syndicats nouveaux, groupant les trop nombreux travailleurs encore terrorisés par la force capitaliste, et qu'au lieu d'un nombre infinitésimal de Fédérations de métiers, on verrait se fédérer peu à peu les cent cinquante ou deux cents professions manuelles qui se partagent la classe ouvrière.

Fort de l'expérience nouvelle faite depuis le Congrès *corporatif* de Tours, le Comité fédéral est plus que jamais d'avis que la Fédération des Bourses doit sanctionner à nouveau l'ordre du jour voté par son Congrès de l'année dernière et qui est ainsi conçu :

« Le Ve Congrès des Bourses du Travail accepte la constitution d'une Confédération exclusivement composée des Comités fédéraux : 1° des Bourses du Travail ; 2° des Unions nationales de métiers; cette Confédération n'ayant pour objet que d'arrêter sur les faits d'intérêt général qui intéressent le mouvement ouvrier une tactique commune, et la réalisation de cette tactique restant aux soins et à la charge de celle des Fédérations adhérentes qu'elle concerne ».

Somme toute, la propagande socialiste ne cesse de progresser. L'organisation des ouvriers industriels s'étend, les grèves se généralisent; à mesure que la crise sociale augmente d'intensité, le patronat sent croître son inquiétude et au lieu du dédain qu'il opposait il y a quelques années encore à l'agitation ouvrière, il oppose une résistance de plus en plus active. Bref, nous apercevons déjà le jour où tous les prolétaires des villes, soit par le raisonnement, soit par les nécessités économiques, seront amenés à se coaliser pour l'inévitable conflit qui jettera bas l'organisme capitaliste. Il reste à persuader aux travailleurs des campagnes qu'ils ont eux aussi à mener la guerre contre le capital.

A qui doit incomber cette dernière tâche? Aux Bourses du Travail, bien placées pour connaître les besoins des paysans et leur parler le langage nécessaire. Le Congrès de Toulouse sera saisi d'un plan de propagande agraire, établi par le Comité fédéral, après consultation de divers militants des centres agricoles et surtout assez large pour s'adapter aux conditions infiniment variées du travail de la terre. Que les Bourses le veuillent, qu'elles impriment à leur activité une impulsion plus grande encore que par le passé, et elles réussiront à réaliser entre l'ouvrier des campagnes et l'ouvrier des villes l'accord intellectuel (corollaire de l'accord économique) indispensable pour forcer la classe bourgeoise dans ses derniers retranchements et substituer au travail salarié, le travail libre.

DEUXIÈME PARTIE

SITUATION DES BOURSES DU TRAVAIL

Du 30 juin 1896 au 30 juin 1897

	BOURSES FÉDÉRÉES	DATE de L'ADHÉSION	Quotité Mensuelle au 30 juin 1897	Cotisations dues	Cotisations payées	Solde débiteur	Solde créditeur
1	Aix....................	Juin 1893	4.55	50.70	37.05	13.65	
2	Alger	Janvier 1893	4.20	46.80	46.60	0.20	
3	Amiens...............	— 1896	2.45	27.30	27.30		
4	Angers..............	— 1893	8.05	89.70	89.70		
5	Besançon............	Mars 1894	5.95	62.95	62.95		
6	Boulogne-sur-Mer......	— 1895	3.50	40.50	30 »		10.50
7	Boulogne-sur-Seine.....	Février 1894	1.75	19.50	3.75	15.75	
8	Carcassonne.........	1er avril 1887	1.75	5.25	5.25		
9	Châlon-sur-Saône....	Avril 1896	1.75	19.50	19.50		
10	Cholet...............	— 1892	1.75	19.50	30 »		10.50
11	Clichy...............	Mars 1896	1.75	10.50	10 »	0.50	
12	Cognac..............	— 1892	3.50	39 »	39 »		
13	Dijon................	Mai 1893	5.60	62 »	62 »		
14	Grenoble............	Mars 1894	7.70	73.80	120 »		46.20
15	Issy-les-Moulineaux. ...	Janvier 1896	1.75	25.75	25.75		
16	Limoges.............	30 avril 1896	12.25	136.50	14 »	122.50	
17	Le Mans.............	Septembre 1895	4.55	45.70	47.50		
18	Montpellier..........	Juin 1892	7 »	82 »			82 »
19	Nantes..............	Janvier 1894	17.50	495 »	133.85	361.15	
20	Narbonne	Mai 1894	3.15	32.10	22.65	9.45	
21	Nevers..............	Janvier 1896	2.80	31.60	23.20	8.40	
22	Nice.	Juin 1894	6.30	70.20	70.20		
23	Nimes...............	Janvier 1893	3.50	39 »	39 »		
24	Niort................	— 1896	4.55	52.20	52.20		
25	Paris................	— 1892		144.70	144.70		
26	Perpignan............	— 1895	3.50	39.50	39.50		
27	Le Puy..............	Mars 1895	1.75	19.50	9. »	10.50	
28	Rennes..............	— 1894	6.30	70.20	70.20		
29	Romans.	Août 1895	2.10	23.40	17.10	6.30	
30	Saumur..............	19 avril 1894	2.10	23.40	23.40		
31	Saint-Etienne.........	— 1892	12.25	131.25	131.25		
32	Saint-Nazaire.........	Mai 1895		28.80	28.80		
33	Toulon	Juillet 1894	5.25	58.50	27 »	31.50	
34	Toulouse.............	— 1892	15.75	177.50	177.50		
35	Tours.	Février 1893	3.50	30.50	30.50		
36	Valence.............	1er mars 1896	4.20	36.60		31.60	
37	Versailles............	— 1896	1.75	10.50	10.50		

Si le rapport moral a dû formuler quelques plaintes sur le peu de collaboration fournie par les Bourses du Travail à l'œuvre de leur comité, le rapport financier, au contraire, ne peut que remercier les Bourses de leur assiduité à acquitter les cotisations fédérales. L'année dernière, déjà, nous signalions l'heureuse situation financière de la Fédération ; cette situation s'est encore améliorée pendant le récent exercice, puisque, malgré l'augmentation des cotisations, le même nombre de Bourses a fourni au Comité les ressources qui lui sont nécessaires.

Ont versé régulièrement leur redevance : Aix, Alger, Amiens, Angers, Besançon, Boulogne-sur-Mer, Boulogne-sur-Seine, Chalon-sur-Saône, Clichy, Cholet, Cognac, Dijon, Grenoble, Issy-les-Moulineaux, Le Mans, Narbonne, Nevers, Nice, Nîmes, Niort, Paris, Perpignan, Le Puy, Rennes, Romans, Saumur, Saint-Etienne, Saint-Nazaire, Toulon, Toulouse, Tours, Versailles, soit trente et une Bourses du Travail.

Parmi les Bourses fédérées antérieurement au Vᵉ Congrès, une (Montpellier), très obérée, a dû suspendre ses paiements, effectués d'ailleurs jusque là avec une régularité exemplaire ; une (Nantes), dont la subvention vient d'être rétablie, nous informe que, dès approbation préfectorale du vote du Conseil municipal nantais, elle acquittera les cotisations arriérées.

Parmi les nouvelles Bourses qui ont acquitté leurs cotisations, nous devons signaler Chalon-sur-Saône, Carcassonne, Nevers, Valence, Versailles, (celle-ci protégée contre l'hostilité municipale par la solidarité ouvrière) et surtout Clichy, qui, bien qu'affaiblie par la désertion du syndicat le plus important, a acquitté récemment l'intégralité de sa dette.

Une Bourse nouvellement créée (Bourges) n'a pas encore effectué de versement.

Quant à Cholet, elle mérite une mention spéciale pour le dévouement qu'elle apporte à l'œuvre de la Fédération. Déjà, vers le milieu de l'année dernière, elle avait payé par anticipation jusqu'au 1ᵉʳ janvier 1897. Privée de toute subvention, ayant eu il y a quelques mois à soutenir une grève longue et pénible, et se trouvant isolée dans une région où le salaire des tisserands ne dépasse jamais 1 fr. 50 pour onze heures de travail, le Comité fédéral ne croyait pas qu'elle pût cette année prendre sa part des charges communes — et il s'était gardé de lui demander autre chose que le concours moral.

Or, il y a quelques jours elle acquittait ses cotisations pour toute l'année courante. En outre, préoccupée de réagir contre l'apathie des syndicats de tisserands qu'elle a fondés dans son arrondissement, elle décidait des tournées de propagande et (avec l'aide des tisserands de Cholet) la distribution gratuite de publications économiques. C'est là une marque d'énergie que le Comité fédéral se devait de signaler.

Le tableau comparatif des recettes et des dépenses pendant les trois derniers exercices permet de constater les progrès constants de la Fédération :

Moyenne mensuelle des recettes

Exercice 1894-95	107	85
— 1895-96	208	»
— 1896-97	242	»

Moyenne mensuelle des dépenses

Exercice 1894-95	9	»
— 1895-96	164	90
— 1896-97	148	»

A première vue, quiconque rapprochera du bilan de l'exercice 1896-97 celui de 1895-96 pourrait s'étonner que la moyenne mensuelle des recettes soit en augmentation de 16 %, quand le total est tombé de 3,003 fr. 45 à 2,622 fr. 40; mais cette contradiction n'est qu'apparente, car le bilan précédent indiquait en recettes les 502 fr. 60 souscrits par les Bourses fédérées pour l'Affiche-Manifeste du 1er Mai, alors que réellement cette somme ne faisait que traverser la caisse fédérale. La véritable augmentation réside dans le total des cotisations perçues ou à percevoir à la date du 30 juin, et qui dépasse celui de l'année dernière de plus de 400 francs (exactement 409 fr. 25).

Voici le bilan du Comité fédéral au 30 juin 1897 :

RECETTES		DÉPENSES	
En caisse le 30 juin 1896.........	101 65	Correspondance..................	186 80
Cotisations.....................	1.736 90	Fournitures de bureau..........	38 95
Bulletins (abonnements et vente au numéro)................	55 00	Imprimés......................	147 20
		Personnel.....................	782 50
Remboursements (sur avances ou délégations)................	10 20	Délégations...................	3 52 90
Vente de comptes rendus.......	36 70	Bulletins.....................	116 80
Divers......................	16 »	Divers.......................	151 30
	2.310 75		1.779 45
		En caisse le 30 juin 1897	531 30
Dû pour cotisations échues (non comprises Nantes et Limoges).	256 85	Dû au Comité au 30 juin 1897.....	311 65
Pour abonnements aux bulletins.	28 »		
Pour bulletins................	26 80		
TOTAL ÉGAL..........	2.622 40		2.622 40

En comparant ce bilan à celui de l'année dernière, deux points doivent attirer l'attention : 1° la diminution des dépenses qui, par leur nature, devraient atteindre toujours un taux élevé; 2° l'élévation de l'encaisse disponible au 30 juin. La correspondance (c'est-à-dire la raison d'être du Comité fédéral, le lien qui doit unir toutes les Bourses fédérées, les faire plus intimement connaître les unes aux autres, les initier mutuellement aux progrès réalisés), la correspondance, disons-nous, a diminué dans des proportions excessives. Cinq cents lettres seulement ont été échangées entre les Bourses et le Comité depuis le 30 juin 1896. Le chapitre des imprimés, également, s'est trop abaissé. Et cela vient de l'état général de lassitude constaté depuis un an dans toutes les Organisations ouvrières et que note déjà notre rapport moral.

Peut-être les nécessités de l'existence ont-elles quelque peu ralenti le zèle du secrétariat fédéral; mais, d'autre part, les Bourses (on l'a vu par l'impossibilité de compléter l'enquête sur les bureaux de placement et le travail des prisons) n'ont point fait tout l'effort désirable pour entretenir avec le Comité fédéral les relations habituelles ; certaines, même, n'ont pas répondu une seule fois aux diverses lettres qui leur ont été adressées depuis un an. Détail curieux : les Bourses qui ont le moins écrit, sont parmi celles qui ont le plus régulièrement acquitté leurs cotisations, et cette circonstance a déterminé à plusieurs reprises le Comité fédéral à faire remarquer que, si l'argent lui est nécessaire pour accomplir sa tâche, la collaboration des Bourses ne lui est pas moins indispensable, et que peut-être préférerait-il encore l'irrégularité des paiements (qui pourrait avoir pour cause l'insuffisance générale des salaires) à un défaut de concours susceptible d'énerver son courage.

Le chapitre des délégations comprend : la représentation au Congrès de Londres (150 fr.) et la représentation au Ve Congrès des Bourses du Travail (113 fr. 20). Au chapitre : « divers », figure le solde des cotisations (105 francs) qui, au 30 juin 1896, restaient dues pour l'adhésion de la Fédération des Bourses au Secrétariat national du Travail (dissous après la clôture du congrès international de Londres) et à la Confédération. Cette somme fut versée dans le courant du mois de juillet.

Réserve faite des quelques critiques que nous avons dû formuler, la situation de la Fédération reste excellente. La régularité des versements des cotisations, malgré l'augmentation votée à Tours et les charges de toutes sortes que s'imposent les Bourses pour se développer et rendre au prolétariat les services escomptés et promis, prouve que ces Bourses comprennent l'importance de leur Fédération. Qu'elles fassent plus encore à l'avenir, qu'elles tiennent le Comité fédéral au courant de toutes les innovations réalisées dans leur fonctionnement, qu'elles lui permettent ainsi de faire profiter sans retard toutes les Organisations fédérées de l'amélioration obtenue par chacune d'elles, et elles auront donné au prolétariat international l'exemple de la plus vaste, de la plus solide et surtout de la plus utile des Associations.

Pour le Comité fédéral des Bourses du Travail :

Le Secrétaire,   *Le Trésorier.*

F. PELLOUTIER.   H. GIRARD.

BERTHOUMIEU, RUE DE LA COLOMBETTE, 20

www.ingramcontent.com/pod-product-compliance
Lightning Source LLC
Chambersburg PA
CBHW071231290326
41931CB00037B/2651